RECLAMAÇÃO CONSTITUCIONAL
Origem e evolução

ABHNER YOUSSIF MOTA ARABI

Prefácio
Luiz Fux

RECLAMAÇÃO CONSTITUCIONAL
Origem e evolução

Belo Horizonte

2021

© 2021 Editora Fórum Ltda.

É proibida a reprodução total ou parcial desta obra, por qualquer meio eletrônico, inclusive por processos xerográficos, sem autorização expressa do Editor.

Conselho Editorial

Adilson Abreu Dallari	Floriano de Azevedo Marques Neto
Alécia Paolucci Nogueira Bicalho	Gustavo Justino de Oliveira
Alexandre Coutinho Pagliarini	Inês Virgínia Prado Soares
André Ramos Tavares	Jorge Ulisses Jacoby Fernandes
Carlos Ayres Britto	Juarez Freitas
Carlos Mário da Silva Velloso	Luciano Ferraz
Cármen Lúcia Antunes Rocha	Lúcio Delfino
Cesar Augusto Guimarães Pereira	Marcia Carla Pereira Ribeiro
Clovis Beznos	Márcio Cammarosano
Cristiana Fortini	Marcos Ehrhardt Jr.
Dinorá Adelaide Musetti Grotti	Maria Sylvia Zanella Di Pietro
Diogo de Figueiredo Moreira Neto (*in memoriam*)	Ney José de Freitas
Egon Bockmann Moreira	Oswaldo Othon de Pontes Saraiva Filho
Emerson Gabardo	Paulo Modesto
Fabrício Motta	Romeu Felipe Bacellar Filho
Fernando Rossi	Sérgio Guerra
Flávio Henrique Unes Pereira	Walber de Moura Agra

FÓRUM
CONHECIMENTO JURÍDICO

Luís Cláudio Rodrigues Ferreira
Presidente e Editor

Coordenação editorial: Leonardo Eustáquio Siqueira Araújo
Aline Sobreira de Oliveira

Av. Afonso Pena, 2770 – 15º andar – Savassi – CEP 30130-012
Belo Horizonte – Minas Gerais – Tel.: (31) 2121.4900 / 2121.4949
www.editoraforum.com.br – editoraforum@editoraforum.com.br

Técnica. Empenho. Zelo. Esses foram alguns dos cuidados aplicados na edição desta obra. No entanto, podem ocorrer erros de impressão, digitação ou mesmo restar alguma dúvida conceitual. Caso se constate algo assim, solicitamos a gentileza de nos comunicar através do *e-mail* editorial@editoraforum.com.br para que possamos esclarecer, no que couber. A sua contribuição é muito importante para mantermos a excelência editorial. A Editora Fórum agradece a sua contribuição.

Dados Internacionais de Catalogação na Publicação (CIP) de acordo com a AACR2

A658r	Arabi, Abhner Youssif Mota
	Reclamação constitucional: Origem e evolução / Abhner Youssif Mota Arabi. - Belo Horizonte : Fórum, 2021.
	108p.; 14,5cm x 21,5cm.
	Inclui bibliografia e anexo.
	ISBN: 978-65-5518-276-7
	1. Direito Constitucional. 2. Direito Processual Civil. 3. Processo Constitucional. I. Título.
2021-3376	CDD: 342
	CDU: 342

Elaborado por Vagner Rodolfo da Silva - CRB-8/9410

Informação bibliográfica deste livro, conforme a NBR 6023:2018 da Associação Brasileira de Normas Técnicas (ABNT):

ARABI, Abhner Youssif Mota. *Reclamação constitucional*: Origem e evolução. Belo Horizonte: Fórum, 2021. 108p. ISBN 978-65-5518-276-7.

À minha família: a quem tudo devo; por quem tudo sou.

SUMÁRIO

PREFÁCIO
Luiz Fux.. 9

INTRODUÇÃO 11

CAPÍTULO 1
ASPECTOS GERAIS 13
1   Reclamação em números: crescimento de sua relevância no
contexto dos precedentes vinculantes 13

CAPÍTULO 2
RECLAMAÇÃO: ORIGENS E NATUREZA JURÍDICA 23
1   Origens da reclamação constitucional 23
2   Natureza jurídica da reclamação constitucional 31

CAPÍTULO 3
HIPÓTESES DE CABIMENTO 39
1   Preservação da competência 42
2   Garantia da autoridade das decisões 48
2.1   Teoria dos motivos determinantes 53
2.2   Reclamação para garantia de aplicação de tese firmada em
recurso extraordinário com repercussão geral reconhecida ou
em recursos extraordinário ou especial repetitivos 55
2.3   Revisão do entendimento paradigma 62
2.4   Reclamação contra decisão de turmas recursais dos juizados
especiais comuns 65
3   Garantia de observância de súmula vinculante 68
4   Garantia de acórdão proferido IRDR ou IAC 72

CAPÍTULO 4
PROCEDIMENTO DA RECLAMAÇÃO 73

REFERÊNCIAS 81

ANEXOS 87

ANEXO I
DISPOSIÇÕES NORMATIVAS SOBRE RECLAMAÇÃO 89
1   Código de Processo Civil 89
2   Regimento Interno do Supremo Tribunal Federal 92
3   Regimento Interno do Superior Tribunal de Justiça 94

ANEXO II
SÚMULAS VINCULANTES 95

ANEXO III
SÚMULAS DO STF SOBRE RECLAMAÇÃO 103

ANEXO IV
ENUNCIADOS DAS JORNADAS DE DIREITO PROCESSUAL CIVIL ... 105

ANEXO V
ENUNCIADOS DO FÓRUM PERMANENTE DE PROCESSUALISTAS
CIVIS 107

PREFÁCIO

Em apertada síntese, a reclamação constitucional representa um instrumento processual, de competência originária dos tribunais, responsável por garantir a autoridade das decisões proferidas ou a observância da exclusividade do exercício de sua competência, quando desafiadas.

Como bem aponta o autor desta obra logo em seu primeiro capítulo, dois marcos legislativos contribuíram consideravelmente para o aumento da relevância da reclamação no âmbito do Supremo Tribunal Federal: de um lado, a promulgação da Emenda Constitucional nº 45, de 30 de dezembro de 2004, instituiu a sistemática das súmulas vinculantes e o consequente cabimento de reclamações perante o STF para questionar ato administrativo ou decisão judicial contrários ao preceito vinculante; de outro, a elaboração da Lei nº 13.105, de março de 2015, o Código de Processo Civil, que entrou em vigor na data de 18 de março de 2016, foi um marco crucial no sentido de estimular o fortalecimento e o aprimoramento do sistema brasileiro de precedentes, enxergando-o como relevante meio para lidar com a enxurrada de processos que assolam a Suprema Corte brasileira. Como presidente da comissão de juristas que elaborou seu pré-projeto e ministro do Supremo Tribunal Federal, sinto-me seguro em afirmá-lo.

Deveras, o objetivo é claro: conferir maior estabilidade e força aos precedentes judiciais, uniformizando a jurisprudência de forma íntegra e coerente, bem como fornecendo uma orientação concreta às demais instâncias jurisdicionais na resolução dos casos concretos, sem perder de vista o postulado da segurança jurídica. O tema, porém, não possui deslinde simples.

Em meio a esse cenário de crescente importância da reclamação constitucional, a presente obra representa uma leitura obrigatória tanto para os que atuam no sistema de justiça quanto para os que se dedicam ao estudo doutrinário desse instrumento processual. Trata-se de livro monográfico que não se resume apenas à apresentação das principais hipóteses de cabimento determinadas pela legislação ou das normas procedimentais aplicáveis, aspecto também abordado de forma exauriente na obra. Em verdade, o autor realiza uma análise densa e profunda sobre a própria evolução da reclamação constitucional ao longo das mudanças legais, constitucionais e jurisprudenciais que ocorreram desde o seu surgimento. Tem-se, portanto, uma obra doutrinária de caráter inovador, escrita de forma absolutamente didática, porém que não se descuida do rigor típico dos acadêmicos de escol.

E não poderia ser diferente. A indubitável qualidade deste livro reflete o empenho e a sabedoria de seu autor. Abhner Youssif Mota Arabi foi assessor em meu gabinete no STF de 2014 a 2018, após rigoroso processo seletivo interno e sua aprovação no concurso público para o tribunal. Não por acaso, após ter logrado êxito no acirrado concurso para juiz de direito no Tribunal de Justiça de São Paulo, tornou-se juiz instrutor em meu gabinete e, agora, no biênio de minha presidência da Suprema Corte. Consectariamente, faço os elogios ao autor com a propriedade de quem observa quotidianamente a sua dedicação e o seu conhecimento.

Por derradeiro, cumpre observar que, para além de sua experiência prática nesse STF, Abhner é autor de diversos livros e artigos sobre processo constitucional, tendo ainda ingressado no Mestrado em Direito Constitucional na Universidade de Brasília (UnB) a fim de aprofundar seus estudos.

Com a certeza de que será uma experiência intelectual engrandecedora, desejo uma excelente leitura a todos e todas!

Brasília, 26 de outubro de 2020.

Luiz Fux
Presidente do Supremo Tribunal Federal e do Conselho Nacional de Justiça. Ex-Presidente do Tribunal Superior Eleitoral. Professor Livre-Docente em Processo Civil da Faculdade de Direito da Universidade do Estado do Rio de Janeiro (UERJ). Doutor em Direito Processual Civil pela Universidade do Estado do Rio de Janeiro (UERJ). Membro da Academia Brasileira de Letras Jurídicas. Membro da Academia Brasileira de Filosofia.

INTRODUÇÃO

A origem da reclamação constitucional remonta à atividade jurisprudencial do Supremo Tribunal Federal, ainda na década de 1950 do século XX. O instituto, que inicialmente surgiu como fruto de criação pretoriana que reconhecia um poder implícito, passou por diversas transformações desde sua criação e ocupa, hoje, lugar de destaque na estruturação do sistema processual brasileiro, bem como no cotidiano forense no país. Trata-se, portanto, de meio processual de crescente e elevada importância, que merece a elaboração de estudos próprios que busquem revelar suas origens, sua evolução, suas inovações. É para esse objetivo que a presente obra monográfica pretende contribuir.

Inicialmente, buscar-se-á compreender como esse instrumento processual surgiu no direito brasileiro, quais os seus fundamentos, quais seus primeiros tratamentos normativos, bem como qual o cenário que possibilitou o seu surgimento. Na sequência, abordar-se-ão as discussões quanto à natureza jurídica da reclamação, apontando, sempre que possível, a evolução do entendimento jurisprudencial quanto ao tema ao longo do tempo.

Ao longo desse caminho, além de analisar algumas questões práticas concernentes à aplicação desse instituto jurídico, objetiva-se também, para uma melhor e mais completa compreensão do tema, perpassar por suas origens históricas e normativas para que se possa observar a evolução do tratamento legislativo de tal questão – e aqui caberá abrir um tópico específico sobre o novo Código de Processo Civil (Lei nº 13.105/2015). A imersão teórica nesses aspectos incrementará a profundidade da compreensão da temática, suas complexidades, controvérsias e perspectivas.

Nesse intuito de aprofundamento dos conhecimentos sobre o tema, é importante construir ou revisar alguns conceitos e compreensões preliminares. É por essa razão que o livro se inicia por uma breve análise das situações abrangidas de competência do Supremo Tribunal Federal, bem como a crescente relevância quantitativa e qualitativa que a reclamação constitucional tem assumido no âmbito de suas funções, sobretudo a partir do fortalecimento de um sistema de precedentes obrigatórios no direito brasileiro, a corroborar a anunciada importância crescente desse instituto.

Em seguida, buscar-se-á analisar as origens dessa classe processual, indicando os fundamentos que possibilitaram o seu surgimento normativo, sob os pontos de vista jurisprudencial, regimental, bem como das Constituições de 1967 e 1988. Ainda nessa fase inicial, também será objeto de estudo a compreensão de sua natureza jurídica, aspecto que ainda revela controvertidas discussões doutrinárias e jurisprudenciais.

Posteriormente, será possível, então, partir a uma análise mais detida de seu tratamento no direito brasileiro, principalmente em relação à evolução de sua disposição legislativa, abordando seu surgimento, seu tratamento constitucional e seus contextos infraconstitucionais. Buscando também uma abordagem prática, sempre que possível, serão também apontados os respectivos entendimentos jurisprudenciais do STF sobre os pontos abordados.

Nesse momento, caberá tratar das inovações do Código de Processo Civil (Lei nº 13.105/2015), abordando as hipóteses de cabimento da reclamação, além de suas características e peculiaridades procedimentais, desde a petição inicial até a decisão final do processo. Destaca-se que já há bastante produção doutrinária em relação a esse novo diploma legal, apesar de alguns pontos controversos da nova legislação ainda não estarem resolvidos. Ademais, pronunciamentos jurisprudenciais de destaque sobre o tema, sempre que houver, serão destacados. De todo modo, há controvérsias que só o transcurso do tempo nos permitirá apreender quais as interpretações a se atribuírem a determinadas disposições do Código de Processo Civil de 2015.

Buscar-se-á, ainda, sinalizar os temas ainda pendentes de definição e as consequências de suas definições para o futuro do sistema processual brasileiro. Afinal, trata-se de um caminho construído enquanto se caminha para cuja evolução este livro pretende contribuir.

CAPÍTULO 1

ASPECTOS GERAIS

1 Reclamação em números: crescimento de sua relevância no contexto dos precedentes vinculantes

A reclamação constitucional é uma classe processual de relevância crescente na atuação dos tribunais brasileiros. A partir do fortalecimento de um sistema de precedentes obrigatórios no direito brasileiro, sobreleva-se a importância qualitativa e quantitativa do tema na experiência forense. Ademais, a entrada em vigor do Código de Processo Civil de 2015 (Lei nº 13.105/2015) trouxe novos contornos ao tema, que merecem discussão, mostrando-se essencial que se tenha profundo conhecimento desse instituto jurídico, desde as suas origens até sua aplicação prática, a partir da evolução do tratamento normativo da questão.

No âmbito do Supremo Tribunal Federal (STF), por exemplo, trata-se de uma das situações que ensejam o processamento e julgamento originário da causa pelo tribunal (art. 102, I, "l", da Constituição de 1988), dispositivo que tem abrigado cada vez mais processos distribuídos, além de destacadas discussões em sua pauta de julgamentos. Parte-se de análise dessa corte porque, além de se tratar do órgão de cúpula do Poder Judiciário brasileiro, foi em tal órgão judicial que a reclamação constitucional teve origem, como adiante se abordará, e em que, portanto, há maior tempo de existência e dados de análise.

A competência do STF é delimitada pelas previsões do art. 102 da Constituição Federal.[1] O inciso I fixa suas competências originárias,

---

[1] O Supremo Tribunal Federal já se pronunciou diversas vezes, inclusive no âmbito de reclamações, no sentido de que esse rol constitucional de suas competências é taxativo, isto é, rígido e fechado, não comportando ampliação por norma infraconstitucional. Nesse

isto é, os processos que já se iniciam perante a corte de cúpula, cabendo a este órgão jurisdicional processar e julgar originariamente essas causas. São os casos, por exemplo, das ações do controle concentrado de constitucionalidade (ação direta de inconstitucionalidade, ação declaratória de constitucionalidade e arguição por descumprimento de preceito federal), das ações penais para alguns casos em que se fixa o foro por prerrogativa de função, as ações rescisórias de seus julgados, alguns casos de *habeas corpus* e de mandados de segurança, e da *reclamação constitucional*, objeto específico do presente estudo. De outro lado, os incisos II (recurso ordinário) e III (recurso extraordinário) especificam suas competências recursais. É nesse último campo, no âmbito do recurso extraordinário, que surge o instituto da repercussão geral, por exemplo, tal como exige o citado §3º do art. 102 do Texto Constitucional; que não constitui exigência constante do texto original da Constituição de 1988, mas fruto da atuação do constituinte derivado, especificamente pela Emenda Constitucional nº 45/2004.

Nesse sentido, para que se possa ter uma dimensão mais exata e quantificada da relevância crescente da reclamação constitucional no cotidiano forense brasileiro, o levantamento histórico do número de processos dessa classe processual ao longo do tempo revela um sucessivo incremento destacando a crescente relevância da reclamação perante o STF, cuja adoção como parâmetro já foi acima justificada. Com efeito, ainda que a análise numérica ou quantitativa seja insuficiente para o estudo de um tema, trata-se de aspecto relevante que pode nos revelar descobertas interessantes, sobretudo a título introdutório.

Veja-se, a propósito, um quadro comparativo do número de reclamações protocoladas junto ao STF ao longo dos anos:[2]

---

sentido, podem ser destacados os seguintes precedentes: Rcl nº 14.566-AgR, rel. Min. Celso de Mello, Segunda Turma, DJe de 4.5.2015; AO nº 7.971-AgR, rel. Min. Dias Toffoli, Segunda Turma, DJe de 15.4.2015; HC nº 114.932, rel. Min. Marco Aurélio, rel. para o acórdão Min. Luiz Fux, Primeira Turma, DJe de 6.2.2015; MS nº 31.897-AgR, rel. Min. Rosa Weber, Primeira Turma, DJe de 17.9.2014.

[2] Os números para o ano de 2021 correspondem à quantidade de reclamações distribuídas e registradas até 10.09.2021, data de fechamento do presente texto. As informações para a confecção da tabela foram retiradas da aba de estatísticas, constante do *site* do Supremo Tribunal Federal. Disponível em: https://transparencia.stf.jus.br/single/?appid=b282ea92-29ef-4eeb-9676-2b9615ddfabd&sheet=ef87c134-e282-47ac-8f8f-813754f74e76. Acesso em: 11 set. 2021.

Ano	Número de reclamações	Ano	Número de reclamações
1990	3	2006	848
1991	15	2007	894
1992	15	2008	1.684
1993	11	2009	2.262
1994	18	2010	1.301
1995	18	2011	1.856
1996	28	2012	1.895
1997	33	2013	1.894
1998	239	2014	2.375
1999	204	2015	3.273
2000	528	2016	3.283
2001	241	2017	3.326
2002	242	2018	3.467
2003	277	2019	5.789
2004	513	2020	6.576
2005	976	2021*	3.965

Observe que, apesar de algumas variações ao longo dos anos, é possível identificar nos anos mais recentes dois saltos significativos no número de reclamações protocoladas perante o Supremo Tribunal Federal: nos anos de 2005 e a partir de 2015/2016. Essas datas coincidem com a Emenda Constitucional nº 45, de 30 de dezembro de 2004 (que instituiu, quanto ao ponto, a sistemática das súmulas vinculantes, dentro da qual se passou a prever o cabimento de reclamação perante o STF para questionar ato administrativo ou decisão judicial que as contrarie), e com o Código de Processo Civil (Lei nº 13.105, de 16 de março de 2015, que entrou em vigor em 18 de março de 2016). Ainda que não sejam causas exclusivas, trata-se de alterações legislativas que contribuíram diretamente para o crescimento dos números de reclamações protocoladas e de sua relevância na atuação do STF. A mesma realidade de crescente relevância desse instrumento processual pode ser também visualizada, sobretudo a partir da superveniência do CPC/2015, em relação a outros tribunais brasileiros, dada a expansão contínua de suas hipóteses de cabimento e do fortalecimento de um sistema de precedentes.

Sobre o ponto, sabe-se que uma das mais destacadas inovações do Código de Processo Civil de 2015 diz respeito à tentativa de se conferir maior estabilidade e força aos precedentes judiciais, dificultando a sua alteração inconsequente e obrigando as instâncias inferiores a seguirem o entendimento dos tribunais hierarquicamente superiores. Aliás, a necessidade de conferir maior uniformidade na aplicação do direito, bem como a compatibilização entre os entendimentos das diferentes instâncias judiciais do país, é preocupação antiga e que tem permeado a criação de diversos institutos processuais ao longo do tempo. Em geral, o descumprimento desses precedentes vinculantes culmina na possibilidade de manejo da reclamação, o que ratifica sua crescente relevância no sistema processual-constitucional brasileiro.

Nesse contexto, cumpre fazer algumas observações sobre a maior vinculatividade da jurisprudência e dos precedentes prevista pelo Código de Processo Civil de 2015. A necessidade de atendimento ao que decidido pelos tribunais superiores não é novidade no Brasil, já que se trata de demanda relativa à própria uniformização de aplicação do direito. Considerando que a interpretação das normas jurídicas é também parte do processo de sua construção e aplicação, permitir que casos semelhantes (aos quais aplicáveis as mesmas normas, sob as mesmas ou similares circunstâncias fáticas) tenham soluções diferentes equivaleria à validação da existência de normas diferentes.[3]

Não raro, é comum notar-se na prática dos tribunais brasileiros a constante – e muitas vezes inconsequente – alteração dos entendimentos por eles afirmados, sem falar na própria contradição que muitas vezes existe entre órgãos de um mesmo tribunal (entre dois órgãos julgadores ou mesmo entre decisões monocráticas de seus componentes, por exemplo). É preciso que se desenvolva a consciência de que a atividade de interpretação do direito acaba por definir elementos do próprio conteúdo da norma, o que evidencia o ascendente e importante papel que possui a atuação do Poder Judiciário no empreendimento de assegurar maior segurança jurídica ao ordenamento, valorizando-se sua previsibilidade, estabilidade e coerência.

---

[3] Sobre o ponto, Teresa Arruda Alvim e Bruno Dantas afirmam que "[...] o fato de haver entendimentos diferentes nos Tribunais a respeito da mesma questão jurídica equivale à existência de duas normas diferentes disciplinando a mesma situação. Essa constatação nasce do reconhecimento de que as manifestações do Judiciário contribuem para o desenho final da norma. Sob o ponto de vista teórico, pode-se dizer que a jurisprudência escancaradamente dispersa compromete a forma sistemática do direito, gerando desarmonia interna. Isso sem falar no desrespeito à isonomia e na impossibilidade de que haja a menor parcela de previsibilidade (= segurança jurídica). Efeitos nocivos dessa situação são sentidos pelos jurisdicionados, pela sociedade e pelo país. O descrédito do Judiciário se alastra e se estimulam tanto a propositura de ações quanto a interposição de recursos" (ALVIM, Teresa Arruda; DANTAS, Bruno. *Recurso especial, recurso extraordinário e a nova função dos tribunais superiores no direito brasileiro*. São Paulo: Editora Revista dos Tribunais, 2016. p. 275-276).

Desse modo, a brusca alteração de um entendimento jurisprudencial, a depender do modo como se dá, pode representar verdadeira quebra da segurança jurídica, princípio que representa a necessidade de que existam previsibilidade e confiança nas relações jurídicas, tendo como objetivos últimos a pacificação social, o bem-estar do cidadão, o respeito aos direitos estabelecidos. Cabe refletir que tais inseguranças geram não apenas consequências jurídicas para o caso concreto, mas verdadeiros custos econômicos e sociais para toda a sociedade, em um contexto mais amplo.

Note-se que, de um lado, invoca-se a segurança jurídica como justificativa à existência do efeito vinculante das decisões das cortes superiores, por exemplo, ao argumento de que confere maior certeza e previsibilidade ao jurisdicionado de que aquele entendimento será aplicado ao seu caso concreto, uniformizando a aplicação de determinada norma jurídica a situações fáticas idênticas (função primordial de um sistema de precedentes obrigatórios). Para tanto, sempre se levanta o forte argumento de necessidade de criação de institutos como a repercussão geral e o julgamento de casos repetitivos diante do alto volume de processos submetidos à apreciação do Judiciário na busca de conferir maior celeridade à composição dessas controvérsias. Por outro lado, porém, essa mesma segurança jurídica parece ser por vezes violada por decisões nas quais há uma completa alteração de entendimento sobre determinado tema, sem que se conceda ao jurisdicionado qualquer previsibilidade ou mesmo um prazo para que se adapte àquela nova realidade.[4]

Com base em todas essas preocupações é que o Código de Processo Civil de 2015 procurou introduzir novos institutos e ferramentas destinados a assegurar maior vinculatividade e estabilidade das decisões judiciais. A propósito, os art. 926 a 928 dessa lei tratam da necessidade de uniformização da jurisprudência e de sua manutenção de forma estável, íntegra e coerente. Para tanto, afirma que juízes e os tribunais observarão: (i) as decisões do Supremo Tribunal Federal em controle concentrado de constitucionalidade; (ii) seus enunciados de súmula vinculante; (iii) os acórdãos em incidente de assunção de competência ou de resolução de demandas repetitivas e em julgamento de recursos extraordinário e especial repetitivos; (iv) os enunciados das súmulas

---

[4] Deve-se observar que tais situações parecem ainda mais graves em campos nos quais a atuação estatal representa forte intervenção na esfera privada do cidadão, como no direito penal (em que se restringe sua liberdade) e no direito tributário (em que se afeta seu patrimônio), por exemplo.

do Supremo Tribunal Federal em matéria constitucional e do Superior Tribunal de Justiça em matéria infraconstitucional; (v) a orientação do plenário ou do órgão especial aos quais estiverem vinculados. Há a previsão, ainda, de instrumentos próprios que externam a preocupação do legislador com a alteração de entendimentos pelos tribunais, como a modificação de tese jurídica adotada em enunciado de súmula ou em julgamento de casos repetitivos, para os quais se dispõe, por exemplo, sobre a realização de audiências públicas, com a ampla participação de pessoas, órgãos ou entidades que possam contribuir para a rediscussão do tema; a possibilidade de modulação temporal dos efeitos da decisão modificadora, a partir de critérios de interesse social e de segurança jurídica; a necessidade de fundamentação própria, específica e adequada, pela qual possam ser exteriorizadas as circunstâncias fáticas e normativas que levaram a tal modificação de entendimento mediante ampla publicidade.

Assim, apesar de anteriormente já existentes, esses dispositivos são exemplos de que se buscou fortalecer, em tal diploma legislativo, um sistema de precedentes obrigatórios, que devem ser observados como paradigmas para posteriores situações idênticas ou semelhantes. É nesse contexto que se inserem institutos que já existiam (como a repercussão geral e o julgamento de casos repetitivos), bem como outros que são agora criados (tais como o incidente de resolução de demandas repetitivas e o incidente de assunção de competência, por exemplo). Paralelamente ao fortalecimento desse sistema de precedentes, seus instrumentos de controle também são intensificados e crescem em relevância. É o caso da reclamação constitucional.

Em verdade, a referida obrigatoriedade dos precedentes e a possibilidade ou não do manejo da reclamação ensejam até mesmo classificações doutrinárias quanto aos níveis de vinculatividade dos precedentes elencados pelo art. 927 do CPC/2015, entre os graus de forte, médio ou fraca obrigatoriedade.[5] À luz dessa classificação, fala-se em vinculatividade forte quando o sistema processual preveja, em relação a determinado precedente, não apenas sua observância obrigatória, mas a possibilidade de utilização de instrumentos processuais ou ações específicas destinadas ao controle de aplicabilidade desse precedente pelo órgão judicial que o prolatou. É o caso, por exemplo, dos enunciados de súmula vinculante e das decisões proferidas pelo Supremo Tribunal

---

[5]   ALVIM, Teresa Arruda; DANTAS, Bruno. *Recurso especial, recurso extraordinário e a nova função dos tribunais superiores no direito brasileiro.* São Paulo: Editora Revista dos Tribunais, 2016. p. 278-279.

Federal em controle concentrado de constitucionalidade em relação aos quais se admite o ajuizamento de reclamação constitucional (art. 988, III, do CPC/2015).

De outro lado, a vinculatividade média apresenta mecanismos mais restritos de controle e verificação de sua observância, os quais não se destinam a essa finalidade específica, mas que também a tal desiderato podem ser utilizados. É o caso, por exemplo, dos recursos, que, como medidas intraprocessuais, isto é, internas à mesma relação jurídica processual originária, permitem que uma sentença proferida por um juiz de primeira instância em divergência ao entendimento dominante do tribunal respectivo seja reformada na via da apelação para uniformização da tese jurídica aplicada.

Por fim, segundo essa classificação, a vinculatividade fraca é aquela em relação à qual não existem mecanismos processuais próprios de verificação e controle de sua observância, mas para a qual há uma expectativa de aplicação. É o caso, por exemplo, de dois casos idênticos submetidos a um mesmo juiz: espera-se que a tese jurídica adotada para a solução do caso 1 vincule, *ceteris paribus*, também a resolução do caso 2.[6]

Adotada essa sistemática, tem-se como *forte* a obrigatoriedade gerada por decisão proferida pelo Supremo Tribunal Federal em sede de repercussão geral ao lado de outras hipóteses, tais como recursos extraordinário ou especial repetitivos e acórdão proferido em julgamento de incidente de resolução de demandas repetitivas ou de incidente de assunção de competência. Segundo o CPC/2015, quando houver descumprimento do que decidido em tais incidentes processuais, seria cabível o manejo da reclamação (como veremos em detalhes mais adiante).[7]

---

[6] Sobre a obrigatoriedade fraca, os autores afirmam que é apenas cultural: "É aquela que decorre do bom senso, da razão de ser das coisas, do que se deve ter o direito de razoavelmente esperar (= justa expectativa da sociedade). Dá 'lógica' do direito. O juiz decide o conflito entre A e B do modo x. C e D lhe submetem conflito idêntico à apreciação, no dia seguinte, e o *mesmo juiz* decide de modo y. Expectativa legítima e razoável tinham C e D de que o conflito seria decidido do modo x!" (*ibid.*, p. 279).

[7] A afirmação parece contrapor o que recentemente decidido pelo Superior Tribunal de Justiça, por decisão de sua Corte Especial, na Rcl nº 36.476-SP (Rel. Min. Nancy Andrighi, julgado em 05.02.2020, DJe de 06.03.2020), em que se assentou a tese de que "não cabe reclamação para o controle da aplicação de entendimento firmado pelo STJ em recurso especial repetitivo". Por maioria, afirmou-se que, com a modificação legislativa promovida pela Lei nº 13.256/2016 no art. 988, IV, do CPC/2015, houve a supressão da previsão de cabimento de reclamação para garantir a observância de precedente proferido em julgamento de "casos repetitivos", restando apenas a menção a precedente oriundo do incidente de resolução de demandas repetitivas (IRDR). Ainda, quanto à previsão do §5º, II, do art. 988, a corte assentou que, sob um aspecto topológico, inexiste coerência e lógica em se afirmar que esse dispositivo veicula nova hipótese de cabimento de reclamação, previsão que seria restrita aos incisos

Entretanto, há autores que consideram que, a partir da Lei nº 13.256/2016, que alterou o CPC/2015 antes mesmo que ele entrasse em vigor, a eficácia vinculante dos precedentes formados em julgamento de recursos extraordinário e especial repetitivos ou no julgamento de recurso extraordinário com repercussão geral seria *média*, adotando critério classificatório um pouco diverso. Isso porque, com a inclusão do inciso II ao §5º do art. 988 do CPC/2015 (modificação implementada pela citada lei), no caso de alegado desrespeito a esses precedentes, o cabimento da reclamação apenas é possível após exauridas as vias recursais ordinárias.[8]

Nesses aspectos, já se criaram na doutrina brasileira discussões sobre o verdadeiro alcance do sistema de precedentes vinculantes estipulado pelo art. 927 do CPC/2015. O primeiro debate que se apresenta é quanto ao sentido que se deve atribuir ao termo *"observarão"*, previsto no *caput* do art. 927. Discute-se se a expressão de fato cria uma vinculatividade quanto ao conteúdo dos precedentes ou se tão somente em relação ao dever de levar tais precedentes em consideração, ainda que para deles discordar. Segundo esse último entendimento, o órgão jurisdicional teria necessariamente que considerar os precedentes listados no art. 927, mas não estaria vinculado a segui-los, desde que apresente fundamentação em que se apresente a equivocidade do precedente.

Não obstante, essa não parece ser a melhor interpretação do dispositivo. Com efeito, o termo deve ser apreendido no sentido de que os órgãos jurisdicionais devem obrigatoriamente seguir os precedentes ali listados, os quais teriam efetiva eficácia vinculante, sem prejuízo

---

do *caput* daquele artigo. Por fim, argumentou-se que interpretação diversa atentaria contra a finalidade do sistema de recursos especiais repetitivos, isto é, a racionalização da prestação jurisdicional diante de massificação dos litígios. A conclusão desse julgado, porém, não coincide com a posição aqui adotada, a qual adiante será oportunamente objeto de tratamento específico neste livro.

[8] Essa é a posição de Daniel Amorim Assumpção Neves, por exemplo, que assim leciona: "O julgamento proferido em controle concentrado de constitucionalidade, as súmulas vinculantes, o IRDR e o incidente de assunção de competência têm eficácia vinculante grande, porque o desrespeito a qualquer deles, por qualquer decisão, proferida em qualquer grau de jurisdição, é impugnável por reclamação constitucional. O precedente formado em julgamento de recursos especial e extraordinário repetitivos e no julgamento de recurso extraordinário com repercussão geral tem eficácia vinculante média, já que o cabimento da reclamação constitucional exige o exaurimento das instâncias ordinárias. Finalmente, os enunciados das súmulas do Supremo Tribunal Federal em matéria constitucional e do Superior Tribunal de Justiça em matéria infraconstitucional e a orientação do plenário ou do órgão especial aos quais estiverem vinculados têm eficácia vinculante pequena, porque da decisão que a desrespeita não cabe reclamação constitucional" (NEVES, Daniel Amorim Assumpção. *Novo Código de Processo Civil comentado*. Salvador: Ed. JusPodivm, 2016. p. 1.498).

da possibilidade de *overruling* ou *distinguishing*, isto é, a superação de determinado precedente ou a sua não aplicação a um caso concreto em razão das peculiaridades que este apresenta e que, portanto, exigem aplicação de solução diversa. Essas possibilidades, contudo, não tornam facultativa a observância dos precedentes e atraem ao julgador um ônus argumentativo mais forte, do qual deve se desincumbir de forma detida, específica, transparente e analítica na fundamentação da decisão.

Considerado esse último sentido, surge o segundo debate: ao enunciar casos de precedentes vinculantes não constantes da Constituição de 1988, o dispositivo seria constitucional? O questionamento é levantado já que, das hipóteses do art. 927, apenas as previstas nos incisos I (*as decisões do Supremo Tribunal Federal em controle concentrado de constitucionalidade*) e II (*os enunciados de súmula vinculante*) possuem previsão constitucional expressa, conforme se observa do art. 102, §2º, e do art. 103-A da CRFB/88, respectivamente. Os incisos III (*os acórdãos em incidente de assunção de competência ou de resolução de demandas repetitivas e em julgamento de recursos extraordinário e especial repetitivos*), IV (*os enunciados das súmulas do Supremo Tribunal Federal em matéria constitucional e do Superior Tribunal de Justiça em matéria infraconstitucional*) e V (*a orientação do plenário ou do órgão especial aos quais estiverem vinculados*), de modo diverso, apenas possuem previsão infraconstitucional.[9]

Diante desse contexto, há quem afirme, de forma crítica, que esses casos de vinculação obrigatória atribuiriam ao Poder Judiciário a competência para a criação de verdadeiras normas jurídicas, o que representaria invasão de áreas de atuação reservada ao Legislativo, pelo que exsurgiria a inconstitucionalidade dos incisos III, IV e V do art. 927 do novo CPC. Entretanto, os dispositivos não atribuem atividade legislativa a ser exercida pelo Judiciário, mas limitam-se a instrumentalizar o dever de coerência, integridade e estabilidade da jurisprudência dos tribunais (art. 926 do CPC/2015), detalhando e atualizando hipóteses e valores constitucionais no plano infraconstitucional, pelo que não se vislumbra inconstitucionalidade nesses pontos.

---

[9] Nesse sentido: NERY JR., Nelson; NERY, Rosa Maria de Andrade. *Código de processo civil comentado*. São Paulo: RT, 2015. p. 1.837. Em sentido semelhante: MAZZILLI, Hugo Nigro. *Novo CPC viola Constituição ao dar poderes legislativos a tribunais*. Disponível em: http://www.conjur.com.br/2015-out-03/hugo-mazzilli-poder-tribunais-legislarem-viola-constituicao. Acesso em: 18 set. 2020; ABBOUD, Georges; STRECK, Lenio Luiz. Comentários ao art. 927. *In*: STRECK, Lenio; CUNHA, Leonardo Carneiro da; FREIRE, Alexandre; NUNES, Dierle (Coords.). *Comentários ao código de processo civil*. São Paulo: Saraiva, 2016. p. 1.200-1.201.

Em linhas gerais, a reclamação constitucional é um processo de competência originária dos tribunais destinado a garantir a autoridade de suas decisões ou a exclusividade do exercício de sua competência, com peculiaridades a cada hipótese de cabimento específica, que serão objetos de reflexão em momento adequado deste livro. O objetivo, por ora, é consolidar as informações gerais sobre o sistema de precedentes ratificado pelo Código de Processo Civil de 2015 e estabelecer a relação entre seu fortalecimento e o crescimento da classe processual da reclamação constitucional. Nesse sentido, pode-se desde logo perceber que a crescente relevância quantitativa e qualitativa da reclamação no contexto forense brasileiro vincula-se, de forma íntima, como o fortalecimento de um sistema de precedentes obrigatórios, cuja compreensão é também necessária ao completo entendimento do tema.

CAPÍTULO 2

RECLAMAÇÃO: ORIGENS E NATUREZA JURÍDICA

Realizada essa abordagem inicial e assentada a ideia geral de sua vinculação com o sistema de precedentes obrigatórios fortalecido com o Código de Processo Civil de 2015, o presente capítulo se destina a estudar as origens da reclamação constitucional. Inicialmente, buscar-se-á compreender como esse instrumento processual surgiu no direito brasileiro, quais os seus fundamentos, seus primeiros tratamentos normativos, bem como o cenário que possibilitou o seu surgimento. Na sequência, abordam-se as discussões quanto à natureza jurídica da reclamação, apontando, sempre que possível, a evolução do entendimento jurisprudencial quanto ao tema ao longo do tempo.

1 Origens da reclamação constitucional

A origem da reclamação constitucional decorre da atividade jurisprudencial do Supremo Tribunal Federal. Antes que houvesse tratamento normativo – constitucional, legal ou regimental – específico sobre o tema, o instituto surgiu como fruto de criação pretoriana, sob o fundamento de que se trataria de um poder implícito. A ideia que embasou a concepção desse instrumento processual foi a seguinte: se se assegurava ao Supremo Tribunal Federal a competência para decidir, em último grau de jurisdição, determinadas matérias, era necessário que houvesse uma ferramenta jurídica que constituísse mecanismo de correção e de manutenção da competência da corte em preservação da autoridade de seus julgados e de sua competência jurisdicional.

Nesse sentido, antes que houvesse regulamentação sobre a matéria, ainda em 1952 o Tribunal Pleno do STF julgou, por exemplo, a Reclamação nº 141, de relatoria do min. Rocha Lagôa. A título de registro histórico, no caso, questionava-se acórdão proferido pelo Tribunal de Justiça do Estado de São Paulo no âmbito de processo de inventário. Alegava-se que a sentença de partilha confirmada pelo acórdão contraria o que decidido pelo STF no RE nº 8.118, no qual se considerou válida cláusula do testamento discutido no feito. A ementa do acórdão proferido pelo Supremo foi assim redigida:

> - A competência não expressa dos tribunais federais pode ser ampliada por construção constitucional. - Vão seria o poder, outorgado ao Supremo Tribunal Federal de julgar em recurso extraordinário as causas decididas por outros tribunais, se lhe não fôra possivel fazer prevalecer os seus próprios pronunciamentos, acaso desatendidos pelas justiças locais. - A criação dum remédio de direito para vindicar o cumprimento fiel das suas sentenças, está na vocação do Supremo Tribunal Federal e na amplitude constitucional e natural de seus poderes. - Necessária e legítima é assim a admissão do processo de Reclamação, como o Supremo Tribunal tem feito. - É de ser julgada procedente a Reclamação quando a justiça local deixa de atender à decisão do Supremo Tribunal Federal (Rcl 141-primeira/SP, rel. min. Rocha Lagôa, Tribunal Pleno, julgamento em 25.01.1952).

Note que a possibilidade de admissão da reclamação constitucional assentava-se, segundo o acórdão, como decorrência lógica da própria competência assegurada constitucionalmente do Supremo Tribunal Federal. No voto do relator, em destaque, afirmava-se que de nada adiantaria atribuir à corte a competência para julgar recursos extraordinários e outras causas em única ou última instância se não houvesse um mecanismo processual pelo qual pudesse fazer prevalecer seus julgamentos nas situações em que estes fossem inobservados por órgãos judiciários locais.

Por esses fundamentos, a reclamação foi conhecida na ocasião contra os votos divergentes dos ministros Abner de Vasconcelos, Hahnemann Guimarães e Edgard Costa. O principal fundamento dessa posição minoritária repousava justamente sobre a ausência de previsão normativa da reclamação no direito brasileiro. Nesse sentido, observa-se o seguinte excerto do voto então proferido pelo ministro Abner de Vasconcelos: "Força é convir que o recurso de reclamação não está previsto nas leis de processo", sendo "uma interpretação extensiva que se dá, em virtude do valor vivo da jurisprudência, porém que, a meu ver, nem sempre é possível que se lance mão desse recurso, uma vez que possa resultar prejuízo à defesa das partes". Não se negava a importância nem a necessidade de um instrumento processual como a reclamação, mas se entendia que deveria haver previsão normativa expressa para que seu cabimento fosse admitido.

Dessa forma, em consolidação dessa posição majoritária e em consideração às objeções apontadas, em 02.10.1957, o Supremo Tribunal Federal aprovou a inclusão, em seu regimento interno, de um novo capítulo ("V-A") dentro do Título III ("Do Processo no Tribunal") do Regimento de 1940, instituindo o procedimento da reclamação. A medida decorria de proposta dos ministros Lafayette de Andrada e Ribeiro da Costa.

Na primeira regulamentação do procedimento da reclamação, que, a essa altura ainda não tinha a estatura constitucional, já apareciam características interessantes, algumas delas que se mantêm até hoje, ainda que aperfeiçoadas. Previam-se, por exemplo, a legitimidade ativa do procurador-geral da República ou de interessado na causa, a possibilidade de avocação do processo nas situações de usurpação de competência, a necessidade de apresentação de prova documental, a requisição de informações à autoridade reclamada e a possibilidade de que outros interessados apresentassem impugnação à reclamação.

Além disso, a regulamentação regimental previa duas situações que ensejavam o cabimento da reclamação, nos dizeres de então: (i) preservar a integridade da competência do Supremo Tribunal Federal; e (ii) assegurar a autoridade de seus julgados. Essas são as duas hipóteses clássicas de cabimento da reclamação constitucional, até hoje existentes, ao lado de outras situações que serão oportunamente estudadas neste livro. A propósito, com relevante importância histórica, veja-se a literalidade dessas primeiras disposições regimentais sobre a reclamação:[10]

Da Reclamação
Art. 1º O Supremo Tribunal federal poderá admitir reclamação do Procurador-Geral da República, ou de interessado na causa, a fim de preservar a integridade de sua competência ou assegurar a autoridade de seu julgado.

---

[10] A redação de dispositivos legais antigos e não mais em vigor, bem como suas eventuais exposições de motivos, é transcrita na íntegra neste livro em razão de seu destacado valor. Vê-se, nessa iniciativa, uma medida que facilita o acesso rápido, imediato e completo do leitor às fontes mencionadas, que nem sempre são de fácil localização. O mesmo não se fez em relação a diplomas legislativos mais recentes, vigentes ou de acesso rápido e simples (como a Constituição Federal ou o Código de Processo Civil, por exemplo), a fim de que não se prejudicasse a fluidez do texto com citações legais facilmente encontráveis pelo leitor interessado.

Art. 2º Ao Tribunal competirá, se necessário:

I – avocar o reconhecimento de processo em que se verifique manifesta usurpação de sua competência, ou desrespeito de decisão que haja proferido.

II – determinar lhe sejam enviados os autos de recurso para ele interposto e cuja remessa esteja sendo indevidamente retardada.

Art. 3º A reclamação, em qualquer dos casos previstos no artigo anterior, deverá ser instruída com prova documental dos requisitos para a sua admissão.

§1º O relator, a quem for distribuída a reclamação, requisitará informações da autoridade, que as prestará dentro de 48 horas.

§2º Em face de prova convincente, poderá ser ordenada a suspensão do curso do processo, ou a imediata remessa dos autos ao Tribunal.

§3º Qualquer dos interessados poderá impugnar por escrito o pedido do reclamante.

§4º Salvo quando por ele requerida, o Procurador-Geral da República será ouvido no prazo de três dias sobre a reclamação.

Art. 4º A reclamação será incluída na pauta da primeira sessão do Tribunal que se realizar após a devolução dos autos pelo relator à Secretaria.

Parágrafo Único. O Presidente do Tribunal determinará o imediato cumprimento da decisão, lavrando-se depois o respectivo acórdão.

Interessante também checar a justificativa exposta para tal modificação regimental, feita a observação de que as remissões à Constituição se referem ao Texto Constitucional de 1946.

A medida processual de caráter acentuadamente disciplinar e correcional denominada reclamação, embora não prevista, de modo expresso, no art. 101, I a IV, da CF, tem sido admitida pelo STF, em várias oportunidades, exercendo-se, nesses casos, sua função corregedora, a fim de salvaguardar a extensão e os efeitos de seus julgados, em cumprimento dos quais se avocou legítima e oportuna intervenção.

A medida da reclamação compreende a faculdade cometida aos órgãos do Poder Judiciário para, em processo especial, corrigir excessos, abusos e irregularidades derivados de atos de autoridades judiciárias, ou de serventuários que lhe sejam subordinados. Visa a manter em sua inteireza e plenitude o prestígio da autoridade, a supremacia da lei, a ordem processual e a força da coisa julgada.

É, sem dúvida, a reclamação meio idôneo para obviar os efeitos de atos de autoridades, administrativas ou judiciárias, que, pelas circunstâncias excepcionais de que se revestem, exigem a pronta aplicação de corretivo enérgico, imediato e eficaz que impeça a prossecução de violência ou atentado à ordem jurídica.

Assim, a proposição em apreço entende com a atribuição concedida a este Tribunal pelo Art. 97, II, da Carta Magna, e vem suprir omissão contida no seu Regimento Interno.

Note que, além do intuito de preservar o exercício das competências constitucionais atribuídas ao Supremo Tribunal Federal e de fazer cumprir a autoridade de seus julgados, via-se na reclamação um meio processual ágil, célere e eficaz para fazer cessar atos administrativos ou judiciais que contrariassem precedentes da corte. Essa celeridade, portanto, é marca da reclamação desde sua origem, tendo em vista a preocupação em não prolongar atos proferidos em usurpação da competência do STF ou em desrespeito a suas decisões, aspecto que marca não apenas sua origem, mas também algumas de suas características procedimentais, que até hoje persistem em sua regulamentação.

Entretanto, como traço distintivo significativo, a exposição de motivos evidencia que, à época, via-se na reclamação um forte perfil *disciplinar e correicional*, pelo qual se poderia exercer a *função correicional* do STF. Como ali se afirmava, um dos objetivos fundantes da regulamentação da medida já então criada consistia na correção de *excessos, abusos e irregularidades* cometidos pelas *autoridades judiciárias* ou por *serventuários que lhes sejam subordinados*.

Posteriormente, na Constituição de 1967, a reclamação também não recebeu tratamento normativo constitucional explícito. Não obstante, esse texto constitucional autorizava o Supremo Tribunal Federal a disciplinar, em seu regimento interno, o procedimento dos processos de sua competência, que inclusive assumiam *status* normativo de lei federal.

Com efeito, o art. 115, parágrafo único, "c", da Constituição de 1967, em referência ao STF, dizia que "o Regimento Interno estabelecerá [...] o processo e o julgamento dos feitos de sua competência originária ou de recurso", dispositivo reproduzido na Emenda Constitucional nº 1/1969 (art. 120, parágrafo único, "c"). Dessa forma, a partir da competência normativa atribuída constitucionalmente ao regimento interno do tribunal, consolidou-se a regulamentação da classe processual da reclamação.

Sob a égide dessa Constituição, o Supremo Tribunal Federal editou um novo regimento interno em 1970, que previa expressamente a reclamação como uma classe processual (art. 60, inciso XVIII, na redação original e inciso XIX após a Emenda Regimental nº 3/1975), cuidava de regras relativas à sua distribuição (artigos 64 e 66) e mantinha, sem alterações significativas, a disciplina de seu procedimento (artigos 161 a 167):

Da Reclamação

Art. 161 – Caberá reclamação do Procurador-Geral da República ou do interessado na causa, para preservar a competência do Tribunal ou garantir a autoridade das suas decisões.

Parágrafo único – A reclamação será instruída com prova documental.

Art. 162 – O relator (art. 66) requisitará informações da autoridade, a quem for imputada a prática do ato impugnado, que as prestará no prazo de cinco dias.

Art. 163 – O relator poderá determinar a suspensão do curso do processo em que se tenha verificado o ato reclamado, ou a remessa dos respectivos autos ao Tribunal.

Art. 164 – Qualquer interessado poderá impugnar o pedido do reclamante.

Art. 165 – O Procurador-Geral, nas reclamações que não houver formulado, terá vista do processo, por cinco dias, em seguida ao decurso do prazo para informações.

Art. 166 – Julgando procedente a reclamação, o Plenário poderá:

I – avocar o conhecimento do processo, em que se verifique usurpação de sua competência;

II – ordenar que lhe sejam remetidos, com urgência, os autos do recurso para ele interposto.

Art. 167 – O Presidente determinará o imediato cumprimento da decisão, lavrando-se o acórdão posteriormente.

Quanto às poucas modificações, pode-se mencionar o exemplo do prazo para a prestação de informações pela autoridade reclamada ao ministro relator. Segundo a previsão regimental de 1957, o prazo era de 48 (quarenta e oito) horas, que, em 1970 foi dilargado para 5 (cinco) dias. Outra modificação pontual foi quanto ao prazo de manifestação do procurador-geral da República nas reclamações que não tivesse ajuizado: foi ampliado de 3 (três) para 5 (cinco) dias.

Apenas na Constituição de 1988 é que a reclamação passou a receber tratamento constitucional expresso, como assentado no capítulo inicial deste livro. E a Constituição o fez em dois momentos:

(i) no art. 102, I, "l", quando atribuiu ao Supremo Tribunal Federal (STF) a competência para processar e julgar originariamente "a reclamação para a preservação de sua competência e garantia da autoridade de suas decisões";

(ii) no art. 105, I, "f", quando atribuiu ao Superior Tribunal de Justiça (STJ) a competência para processar e julgar originariamente "a reclamação para a preservação de sua competência e garantia da autoridade de suas decisões".

Originalmente, eram apenas essas as previsões constitucionais sobre a reclamação, que passa, então, a ser chamada *constitucional*. Em ambos os casos, a previsão quanto às hipóteses que fundamentam seu cabimento perante o STF ou o STJ é idêntica: preservação da competência e garantia da autoridade das decisões, cada qual nos limites de sua própria competência jurisdicional. Posteriormente, por meio da Emenda Constitucional nº 45/2004, acrescentou-se uma nova menção à classe processual na Constituição (§3º do art. 102 da CRFB/88), que adiante se estudará.

Ainda no contexto da evolução de sua normatização, a reclamação foi objeto de tratamento legal específico no âmbito da Lei nº 8.038/1990, que instituía normas procedimentais para alguns processos que transcorriam perante o Superior Tribunal de Justiça e o Supremo Tribunal Federal. Com efeito, o Capítulo II do Título I ("Processos de Competência Originária") dessa lei regulamentava o procedimento da reclamação constitucional (arts. 13 a 18).

Entretanto, todos esses dispositivos – assim como alguns outros dessa mesma lei – foram revogados expressamente pelo Código de Processo Civil de 2015 (Lei nº 13.105/2015), que trouxe regulamentação mais detalhada e com algumas novidades à reclamação. Na linha evolutiva de seu tratamento normativo, porém, trata-se de marco relevante, eis que, pela primeira vez, tinha-se um ato legislativo com *status* formal e material de lei que dava tratamento ao instituto jurídico aqui estudado.

Em comparação às regulamentações regimentais anteriores (de 1957 e de 1970), o regramento trazido pela Lei nº 8.038/190 apresentou apenas um maior detalhamento do procedimento, mantidas as hipóteses de cabimento (preservação da competência e garantia da autoridade das decisões), com poucas modificações, dentre as quais:

(i) a mudança no prazo das informações prestadas pela autoridade reclamada ao ministro relator (que foi então ampliado para 10 dias);

(ii) a menção ao *Ministério Público*, e não mais ao *procurador-geral da República* (já que agora se regulamenta o procedimento não apenas em relação ao Supremo Tribunal Federal, mas também de forma geral para os feitos de competência do Superior Tribunal de Justiça);

(iii) a previsão da possibilidade de que, como decorrência do julgamento de procedência do pedido deduzido na reclamação, o tribunal casse a decisão reclamada exorbitante ou determine medida adequada à preservação de sua competência. Trata-se de previsão mais genérica, que dá maior liberdade à determinação concreta a solucionar o motivo que enseja a reclamação, conforme o caso sob julgamento. As regulamentações regimentais anteriores (tanto a de 1957 quanto a de 1970) falavam apenas na possibilidade de *avocação* do conhecimento do processo em que se verificasse a usurpação de sua competência.

Outro marco legal relevante quanto ao tema foi a Lei nº 11.417/2006, que disciplinou a edição, a revisão e o cancelamento de enunciado de súmula vinculante pelo Supremo Tribunal Federal, em regulamentação ao art. 103-A da CRFB/88, que foi introduzido pela Emenda Constitucional nº 45/2002. Os detalhes dessa nova causa de reclamação constitucional serão estudados mais à frente, mas desde já se destaca que o artigo 7º da Lei nº 11.417/2006 passou a prever o cabimento de reclamação contra o ato administrativo ou a decisão judicial que contrariasse, negasse aplicação ou aplicasse indevidamente enunciado de súmula vinculante, ampliando as hipóteses de cabimento da reclamação constitucional. Considerando a possibilidade de manejo da reclamação também contra ato administrativo, essa mesma lei também trouxe adaptações na Lei nº 9.784/1999, que cuida do procedimento administrativo no âmbito federal, cujos desdobramentos também serão estudados mais adiante. Destacam-se, por ora, as diversas fases da evolução do tratamento normativo referente à reclamação.

Por fim, como última etapa dessa evolução, adveio em 16 de março de 2015 a Lei nº 13.105,[11] que instituiu o novo Código de Processo Civil,

---

[11] Rememora-se que, apesar de ter sido promulgada em 16.03.2015, o novo Código de Processo Civil apenas entrou em vigor em 18.03.2016, em razão da previsão de uma *vacatio legis* de 1 (um) ano (artigo 1.045 da Lei nº 13.105/2015). Com efeito, o estabelecimento de um período de *vacatio legis* para atos normativos de grande impacto no ordenamento jurídico é essencial, possuindo duas funções principais. Primeiro, trata-se de medida que possibilita o próprio conhecimento da alteração legislativa empreendida, notadamente nos casos de maiores e mais significativas modificações. Nesse ponto, vale lembrar que, em regra, o ordenamento brasileiro não permite que alguém descumpra comando normativo sob a justificativa de seu conhecimento ("ninguém se escusa de cumprir a lei, alegando que não a conhece" – art. 3º do Decreto-Lei nº 4.657/1942). Em segundo lugar, trata-se de mecanismo que proporciona uma maior tutela à segurança jurídica, conferindo à sociedade prazo razoável para que se adeque a determinadas mudanças que a nova lei promova. Nesse aspecto, quanto maiores forem as inovações legislativas, maior deverá ser o prazo de *vacatio legis*. A propósito, os casos do novo Código de Processo Civil (Lei nº 13.105/2015, art. 1.045) e do Código Civil de 2002 (Lei nº 10.406/2002, art. 2.044) apresentaram prazos de *vacatio legis* de um ano ante

no âmbito do qual se previu um capítulo próprio para o regramento do procedimento da reclamação (artigos 988 a 993). Trata-se do último capítulo do Título I ("Da Ordem dos Processos e dos Processos de Competência Originária dos Tribunais") do Livro III ("Dos Processos nos Tribunais e dos Meios de Impugnação das Decisões Judiciais") da Parte Especial do Código de Processo Civil. Trata-se de uma novidade, tendo em vista que o código anterior (Lei nº 5.869/1973) não trazia regramento específico quanto à referida classe processual, que tinha seu tratamento normativo albergado pela Lei nº 8.038/1990, bem como no âmbito dos regimentos internos do Supremo Tribunal Federal e do Superior Tribunal de Justiça.

Assim, o Código de Processo Civil, incluídas as modificações nele introduzidas pela Lei nº 13.256/2016, representa o mais recente passo desse ciclo histórico de origem e evolução da reclamação. Entretanto, não se trata do último passo, eis que, mesmo em um possível cenário de não alteração da legislação vigente, há aspectos jurisprudenciais a serem destacados, bem como discussões doutrinárias ainda não pacificadas quanto a pontos relevantes dessa ação constitucional, temas que serão devidamente abordados nos próximos capítulos.

2   Natureza jurídica da reclamação constitucional

A natureza jurídica da reclamação é um dos pontos que, historicamente, gerou grandes debates. Ao longo do tempo, foram várias as posições defendidas quanto a se tratar de recurso, remédio constitucional, incidente processual, exercício do direito de ação, exercício do direito de petição, medida de caráter administrativo.[12] Não obstante toda

---

a sobrelevada importância de tais diplomas normativos à regência das relações sociais e das profundas alterações que trouxeram à ordem jurídica. Outro exemplo recente em que se fixou prazo menor, apesar de largo, foi a Lei nº 13.146/2015 (art. 127), que instituiu a Lei Brasileira de Inclusão da Pessoa com Deficiência (Estatuto da Pessoa com Deficiência), para a qual se fixou uma *vacatio legis* de 180 (cento e oitenta) dias.

[12]   Essas diversas correntes, por assim dizer, foram muito bem catalogadas de forma sintética no acórdão da Reclamação nº 336, redigido pelo relator ministro Celso de Mello, a partir de julgamento ocorrido em 19.12.1990, cujo acórdão foi assim ementado: "RECLAMAÇÃO - NATUREZA JURÍDICA - ALEGADO DESRESPEITO A AUTORIDADE DE DECISÃO EMANADA DO STF - INOCORRENCIA - IMPROCEDENCIA. - A reclamação, qualquer que seja a qualificação que se lhe dê - ação (Pontes de Miranda, 'Comentários ao Código de Processo Civil', tomo V/384, Forense), recurso ou sucedâneo recursal (Moacyr Amaral Santos, RTJ 56/546-548; Alcides de Mendonca Lima, 'O Poder Judiciário e a Nova Constituição', p. 80, 1989, Aide), remédio incomum (Orozimbo Nonato, 'apud' Cordeiro de Mello, 'O processo no Supremo Tribunal Federal', vol. 1/280), incidente processual (Moniz de Aragão, 'A Correição Parcial', p. 110, 1969), medida de Direito Processual Constitucional (Jose

essa controvérsia, se ainda persistem divergências quanto à natureza jurídica que a reclamação constitucional assume, certo é que se trata de procedimento de natureza jurisdicional. Isso porque, durante muito tempo, fazia-se certa confusão entre a reclamação constitucional e a correição parcial (ou reclamação correicional). Trata-se de um instituto antigo, que ainda é objeto de estudo no âmbito do processo penal, mas que, segundo doutrina majoritária, ali também assume natureza judicial (de um recurso, mais especificamente).[13] Ademais, à parte essa

---

Frederico Marques, 'Manual de Direito Processual Civil', vol 3., 2. parte, p. 199, item n. 653, 9. ed., 1987, Saraiva) ou medida processual de caráter excepcional (Min. Djaci Falcão, RTJ 112/518-522) - configura, modernamente, instrumento de extração constitucional, inobstante a origem pretoriana de sua criação (RTJ 112/504), destinado a viabilizar, na concretização de sua dupla função de ordem político-jurídica, a preservação da competência e a garantia da autoridade das decisões do Supremo Tribunal Federal (CF, art. 102, I, 'l') e do Superior Tribunal de Justiça (CF, art. 105, I, 'f'). - Não constitui ato ofensivo a autoridade de decisão emanada do Supremo Tribunal Federal o procedimento de magistrado inferior que, motivado pela existência de varias execuções penais ainda em curso, referentes a outras condenações não desconstituídas pelo 'writ', deixa de ordenar a soltura imediata de paciente beneficiado por 'habeas corpus' concedido, em caso diverso e específico, por esta Corte" (Rcl nº336, rel. min. Celso de Mello, Tribunal Pleno, julgamento em 19.12.1990, DJ de 15.03.1991).

[13] A correição parcial (ou reclamação correicional) constitui um meio processual de impugnação de decisões judiciais contra as quais não haja previsão legal de outro recurso cabível, quando sua manutenção possa causar inversão tumultuária no processo. Seu fundamento legal remonta à Lei nº 5.010/1966 (art. 6º, I), a qual, entre outras providências, estabeleceu a organização da Justiça Federal de primeira instância. Há outra menção legal a esse meio processual na Lei nº 8.625/1993 (art. 32, I), que instituiu a Lei Orgânica Nacional do Ministério Público, dispondo sobre normas gerais para a organização do Ministério Público dos estados-membros da federação. Em geral, há ainda a adoção da correição parcial no âmbito estadual por meio de previsão nas leis de organização judiciária ou mesmo nos regimentos internos dos tribunais de justiça. O nome do instituto, porém, varia entre *correição parcial* em alguns estados e *reclamação* em outros. Em todo caso, é importante não confundir esse instrumento processual com a *reclamação constitucional*. Quanto à natureza jurídica da correição parcial, ainda persiste certa controvérsia doutrinária entre se tratar de medida de caráter administrativo ou judicial, não obstante prevaleça, atualmente, o entendimento que afirma ser um recurso em espécie. Como evidencia Renato Brasileiro de Lima, em seu *Manual de processo penal*, bem sintetizando a questão: "Parte da doutrina considera que a correição parcial funciona como medida administrativa/disciplinar tendente a apurar uma atividade tumultuária do juiz, não passível de recurso, à qual não se pode permitir o condão de produzir, cassar ou alterar decisões jurisdicionais no seio do processo. Argumenta-se que sua previsão no art. 6º, I, da Lei nº 5.010/66, que regula a organização da Justiça Federal de 1ª instância, não seria o suficiente para que a correição parcial fosse considerada um recurso, cumprindo a exigência do princípio da taxatividade. Isso porque lei de organização judiciária, apesar de ser lei federal, não é lei nacional, tendo o mesmo valor que qualquer outra lei de organização judiciária estadual. Todavia, pelo menos no âmbito processual penal, prevalece o entendimento de que a correição parcial tem natureza jurídica de recurso, pois serve para os Tribunais reformar decisão judicial que tenha causado problemas ao regular desenvolvimento do processo, estando seu julgamento, em regra, afeto às Câmaras ou Turmas dos Tribunais. É bem verdade que a Constituição Federal atribui à União competência privativa para legislar sobre direito processual (art. 22, I). Sendo a correição parcial um recurso, e, portanto, dotada de natureza processual, não poderia ter sido criada por legislação estadual. Ocorre que essa suposta inconstitucionalidade jamais

CAPÍTULO 2
RECLAMAÇÃO: ORIGENS E NATUREZA JURÍDICA | 33

diferenciação, rememora-se que, em sua origem, também se via na reclamação constitucional alguma carga correicional e disciplinar, como acima evidenciado pela exposição de motivos da primeira normatização do tema no regimento interno do STF. Como destacado, via-se nesse instrumento processual a possibilidade de correção de *excessos, abusos e irregularidades* cometidos pelas *autoridades judiciárias* ou por *serventuários que lhes sejam subordinados*, de forma semelhante ao que ainda se afirma em relação à correição parcial.

Apesar desses registros que assumem importância histórica, atualmente, no que concerne à reclamação constitucional, há certeza de sua natureza jurisdicional, que decorre de algumas características, tais como:

a) início apenas por provocação do interessado, não podendo o procedimento da reclamação constitucional ser iniciado de ofício pelo órgão julgador;

b) exigência de capacidade postulatória, isto é, que a parte provocadora aja assistida por um advogado regularmente constituído ou mediante atuação de órgãos com capacidade postulatória própria (como o Ministério Público ou a Defensoria Pública na representação processual de uma parte hipossuficiente, por exemplo);

c) possibilidade de alteração (cassação ou desconstituição/ anulação) de decisão judicial e de modificação no curso de um processo judicial (pela avocação dos autos, por exemplo);

d) produção de coisa julgada para a decisão proferida no âmbito de uma reclamação constitucional.

Afirmado seu caráter jurisdicional e afastado eventual conteúdo administrativo, nota-se não se tratar também de instituto de natureza recursal. Isso porque os recursos constituem um meio de impugnação das decisões judiciais que apresentam características gerais comparativamente não identificadas na reclamação constitucional, conforme os seguintes elementos diferenciadores:

---

foi reconhecida pelos Tribunais Superiores, que sempre conheceram de recursos e habeas corpus contra decisões judiciais proferidas no julgamento de correições parciais. De mais a mais, como não há, no processo penal, a possibilidade de interposição de agravo de instrumento contra decisões interlocutórias, subsiste a utilização da correição parcial para suprir essa lacuna recursal, objetivando a impugnação de decisões tumultuárias proferidas durante o curso do feito" (LIMA, Renato Brasileiro de. *Manual de Processo Penal*. Salvador: Ed. JusPodivm, 2015. p. 1.730-1.731).

a) previsão legal expressa como recurso (*princípio da taxatividade recursal*), o que não ocorre com a reclamação constitucional;

b) inexiste, para a reclamação, prazo preclusivo de interposição, característica presente em todos os recursos, com prazos variados, conforme o caso. Não obstante, essa afirmação não significa dizer que é possível se valer da reclamação a qualquer tempo, visto que também existem limitações temporais e circunstanciais à sua proposição (por exemplo: não é cabível a reclamação após o trânsito em julgado da decisão impugnada, na linha da Súmula nº 734/STF, que afirma que "*não* cabe reclamação quando já houver transitado em julgado o ato judicial que se alega tenha desrespeitado decisão do Supremo Tribunal Federal");

c) os recursos são analisados no âmbito da competência recursal dos diversos órgãos do Poder Judiciário, o que não se verifica com a reclamação, que é tratada como matéria de competência originária. Nesse sentido, há previsão constitucional, por exemplo, que dispõe sobre esse instrumento processual no âmbito da competência originária do Supremo Tribunal Federal (art. 102, I, "l", da CRFB/88) e do Superior Tribunal de Justiça (art. 105, I, "f", da CRFB/88);

d) os recursos são instrumentos processuais utilizados com o objetivo de reformar (no caso de *error in judicando*, isto é, um erro de julgamento ou de análise jurídica do caso em questão) ou anular uma decisão judicial (no caso de *error in procedendo*, isto é, quando se esteja diante de vício ou falha procedimental, que macule a legitimidade do ato judicial impugnado). A reclamação, por sua vez, possui objetivos próprios, direcionados à cassação de uma decisão, por ter sido proferida por autoridade incompetente para aquele provimento jurisdicional, por exemplo, ou por ter representado violação a autoridade das decisões do órgão perante o qual se ajuíza esse feito.

e) aponta-se, ainda, outro elemento distintivo: para que um recurso seja cabível e cognoscível, há a necessidade de atendimento a diversos requisitos, dentre eles o interesse recursal (classificado como um requisito intrínseco de admissibilidade, por dizer respeito à própria existência ou inexistência do direito de recorrer). Em geral, afirma-se possuir interesse recursal a parte sucumbente, isto é, aquela que obteve provimento jurisdicional desfavorável, requisito que não seria exigível para a reclamação constitucional.[14]

Por outro lado, afastada sua natureza recursal, a partir dessa análise comparativa é possível concluir que a reclamação constitucional também não se caracteriza como incidente processual. Isso porque, como de seu próprio nome já deriva, um incidente ocorre durante a marcha de um processo, isto é, superveniente e internamente a uma relação jurídica processual já em curso. Na reclamação, porém, a existência anterior de um processo em curso não se trata de exigência necessária, sobretudo porque é possível manejá-la também em face de atos administrativos. Ademais, sua propositura perfaz a constituição de uma nova relação jurídica processual, com partes, causa de pedir e pedidos próprios destinados à apreciação de autoridade judiciária competente diversa daquela que proferiu o ato reclamado (quando se tratar de manifestação judicial).

Dessa forma, excluídas essas alternativas, pode-se dizer que o cerne da controvérsia repousa entre duas possibilidades principais: a reclamação constitucional possui natureza jurídica de *ação* ou constitui exercício do *direito de petição*?

Sobre o ponto, Hely Lopes Meirelles, Arnoldo Wald e Gilmar Ferreira Mendes, em obra clássica sobre o tema, asseveram que "a posição dominante parece ser aquela que atribui à reclamação natureza de ação propriamente dita, a despeito de outras vozes autorizadas da doutrina identificarem natureza diversa para o instituto, [...] seja como remédio processual, incidente processual ou recurso".[15] Com efeito, bem analisada a questão, nota-se que a reclamação constitucional apresenta todos os elementos necessários à formação de uma ação (preenchimento dos pressupostos processuais, capacidade de ser parte, de estar em juízo e de postulação, inexistência de coisa julgada, litispendência ou perempção), inclusive sob o aspecto procedimental (há uma petição inicial dirigida a um órgão julgador competente que promove a citação e integração do contraditório para a prolação de uma decisão judicial de mérito que produzirá coisa julgada material). Trata-se, com clareza, de nítida natureza jurídica de ação.

---

[14] Nesse sentido: NEVES, Daniel Amorim Assumpção. *Ações constitucionais*: volume único. Salvador: Ed. JusPodivm, 2017. p. 248.

[15] MEIRELLES, Hely Lopes; WALD, Arnold; MENDES, Gilmar Ferreira. *Mandado de Segurança e Ações Constitucionais*. São Paulo: Malheiros, 2016. p. 707.

Não obstante, há um célebre e sempre lembrado julgamento histórico do Supremo Tribunal Federal em que a questão foi especificamente enfrentada, no qual se afirmou que a reclamação constitucional não assume natureza de ação propriamente dita, mas que constitui exercício do direito constitucional de petição (art. 5º, XXXIV, "a", da CRFB/88).[16] Trata-se de ADI nº 2.212, rel. min. Ellen Gracie, julgada pelo Tribunal Pleno em 02.10.2003, na qual o governador do estado do Ceará impugnava dispositivo da constituição daquele estado (art. 108, VII, "i"), bem como do tribunal de justiça local (art. 21, VI, "j"), que conferia a este órgão judicial a competência originária para processar e julgar "as reclamações para a preservação de sua competência e garantia da autoridade de suas decisões". Na ementa do acórdão ali proferido,[17] restou expressamente afirmado que a reclamação constitucional representava exercício do direito constitucional de petição, de modo que seria possível a sua instituição também no âmbito das constituições estaduais, sem que daqui surgisse violação à competência legislativa da União para tratar sobre matérias de direito processual civil (art. 22, I, da CRFB/88).

---

[16] Art. 5º Todos são iguais perante a lei, sem distinção de qualquer natureza, garantindo-se aos brasileiros e aos estrangeiros residentes no País a inviolabilidade do direito à vida, à liberdade, à igualdade, à segurança e à propriedade, nos termos seguintes: [...]
XXXIV - são a todos assegurados, independentemente do pagamento de taxas:
a) o direito de petição aos Poderes Públicos em defesa de direitos ou contra ilegalidade ou abuso de poder; [...].

[17] Veja-se, a propósito, o que afirmado na ementa do acórdão proferido em decorrência do referido julgamento: "AÇÃO DIRETA DE INCONSTITUCIONALIDADE. ARTIGO 108, INCISO VII, ALÍNEA I DA CONSTITUIÇÃO DO ESTADO DO CEARÁ E ART. 21, INCISO VI, LETRA J DO REGIMENTO DO TRIBUNAL DE JUSTIÇA LOCAL. PREVISÃO, NO ÂMBITO ESTADUAL, DO INSTITUTO DA RECLAMAÇÃO. INSTITUTO DE NATUREZA PROCESSUAL CONSTITUCIONAL, SITUADO NO ÂMBITO DO DIREITO DE PETIÇÃO PREVISTO NO ARTIGO 5º, INCISO XXXIV, ALÍNEA A DA CONSTITUIÇÃO FEDERAL. INEXISTÊNCIA DE OFENSA AO ART. 22, INCISO I DA CARTA. 1. A natureza jurídica da reclamação não é a de um recurso, de uma ação e nem de um incidente processual. Situa-se ela no âmbito do direito constitucional de petição previsto no artigo 5º, inciso XXXIV da Constituição Federal. Em consequência, a sua adoção pelo Estado-membro, pela via legislativa local, não implica em invasão da competência privativa da União para legislar sobre direito processual (art. 22, I da CF). 2. A reclamação constitui instrumento que, aplicado no âmbito dos Estados-membros, tem como objetivo evitar, no caso de ofensa à autoridade de um julgado, o caminho tortuoso e demorado dos recursos previstos na legislação processual, inegavelmente inconvenientes quando já tem a parte uma decisão definitiva. Visa, também, à preservação da competência dos Tribunais de Justiça estaduais, diante de eventual usurpação por parte de Juízo ou outro Tribunal local. 3. A adoção desse instrumento pelos Estados-membros, além de estar em sintonia com o princípio da simetria, está em consonância com o princípio da efetividade das decisões judiciais. 4. Ação direta de inconstitucionalidade improcedente".

Observe-se, porém, que o acórdão parece evidenciar uma interpretação orientada por suas consequências: se ali se afirmasse que a reclamação constitucional assumia natureza jurídica de ação, muito provavelmente se chegaria à conclusão da inconstitucionalidade de sua instituição no âmbito dos estados-membros da federação, já que estariam a legislar sobre direito processual civil, matéria reservada pela Constituição de 1988 como de competência legislativa privativa da União (art. 22, I). De modo diverso, não se tratando de ação, mas de mero exercício de uma garantia fundamental prevista pela Constituição (isto é, o direito de petição), não haveria impedimento a que a reclamação constitucional pudesse existir também no plano estadual, cuja instituição não representaria, portanto, qualquer inconstitucionalidade.

De todo modo, não obstante essa ressalva, o entendimento do Supremo Tribunal Federal de que se trata de instrumento que possibilita o exercício do direito de petição foi posteriormente reafirmado em outras ocasiões pela corte,[18] consolidando-se como a orientação predominante no âmbito jurisprudencial. Entretanto, a questão pode ganhar novos contornos a partir da superveniência do Código de Processo Civil de 2015. Isso porque essa consequência decorrente da adoção do entendimento de que se trata de exercício de direito de petição – isto é, a possibilidade de previsão da reclamação constitucional em âmbito estadual para os tribunais de justiça – perde relevância, já que o referido

---

[18] É o caso, por exemplo, da ADI nº 2.480 (rel. min. Sepúlveda Pertence, julgamento em 02.04.2007), cujo acórdão ficou assim ementado: "Ação direta de inconstitucionalidade: dispositivo do Regimento Interno do Tribunal de Justiça do Estado da Paraíba (art. 357), que admite e disciplina o processo e julgamento de reclamação para preservação da sua competência ou da autoridade de seus julgados: ausência de violação dos artigos 125, caput e §1º e 22, I, da Constituição Federal. 1. O Supremo Tribunal Federal, ao julgar a ADIn 2.212 (Pl. 2.10.03, Ellen, DJ 14.11.2003), alterou o entendimento - firmado em período anterior à ordem constitucional vigente (v.g., Rp 1092, Pleno, Djaci Falcão, RTJ 112/504) - do monopólio da reclamação pelo Supremo Tribunal Federal e assentou a adequação do instituto com os preceitos da Constituição de 1988: de acordo com a sua natureza jurídica (situada no âmbito do direito de petição previsto no art. 5º, XXIV, da Constituição Federal) e com os princípios da simetria (art. 125, caput e §1º) e da efetividade das decisões judiciais, é permitida a previsão da reclamação na Constituição Estadual. 2. Questionada a constitucionalidade de norma regimental, é desnecessário indagar se a colocação do instrumento na seara do direito de petição dispensa, ou não, a sua previsão na Constituição estadual, dado que consta do texto da Constituição do Estado da Paraíba a existência de cláusulas de poderes implícitos atribuídos ao Tribunal de Justiça estadual para fazer valer os poderes explicitamente conferidos pela ordem legal - ainda que por instrumento com nomenclatura diversa (Const. Est. (PB), art. 105, 'I', 'e' e 'f'). 3. Inexistente a violação do §1º do art. 125 da Constituição Federal: a reclamação paraibana não foi criada com a norma regimental impugnada, a qual - na interpretação conferida pelo Tribunal de Justiça do Estado à extensão dos seus poderes implícitos - possibilita a observância das normas de processo e das garantias processuais das partes, como exige a primeira parte da alínea a do art. 96, I, da Constituição Federal. 4. Ação direta julgada improcedente".

diploma legal é expresso ao permitir a possibilidade de propositura da reclamação constitucional perante qualquer tribunal (art. 988, §1º).[19] O tema ainda foi não revisitado no âmbito jurisprudencial do Supremo,[20] mas imagina-se que, tão logo o seja, ter-se-á a oportunidade de readequar o entendimento acima mencionado.

Chega-se, assim, ao fim do segundo capítulo. De início, foram analisadas as origens da reclamação constitucional, a partir da construção e revisão de alguns conceitos e compreensões preliminares. Nessa parte, foi possível identificar que seu nascimento decorre da atividade jurisprudencial, mais especificamente do Supremo Tribunal Federal, que cuidava do tema antes que houvesse tratamento normativo específico. A partir dessa constatação, foram analisados alguns julgamentos históricos do STF que contribuíram para a construção do instituto, que, depois, foi objeto de sucessivas regulamentações normativas, nos níveis constitucional, legal e regimental.

Posteriormente, foram mapeadas as principais discussões quanto à natureza jurídica da reclamação, tanto do ponto de vista histórico quanto em relação aos debates ainda hoje existentes. As consequências da adoção de um entendimento ou outro, elencando, ainda, algumas objeções doutrinárias à posição historicamente assumida pela jurisprudência do Supremo Tribunal Federal, foram também evidenciadas, concluindo-se, aqui, pela natureza jurídica de ação da reclamação constitucional.

Assim, dando continuidade ao tema, o próximo capítulo se dedicará à análise das hipóteses de cabimento da reclamação constitucional, isto é, em quais situações e por quais motivos é possível se valer dessa ação, desse instrumento processual, e quais requisitos devem estar presentes para justificar o seu manejo.

---

[19]   Art. 988. [...]
   §1º A reclamação pode ser proposta perante qualquer tribunal, e seu julgamento compete ao órgão jurisdicional cuja competência se busca preservar ou cuja autoridade se pretenda garantir.

[20]   Como destaca Daniel Amorim Neves, se o entendimento de que se trata de mero exercício do direito constitucional de petição for levado às últimas consequências, há sério risco de desfiguração do instituto: "O posicionamento adotado pelo Supremo Tribunal Federal, entretanto, se levado efetivamente a sério, poderá desfigurar por completo o instituto da reclamação constitucional, considerando-se as expressivas diferenças entre o exercício do direito de ação e o de petição. Seriam dispensadas as formalidades do direito de ação, tais como a necessidade de provocação de parte interessada por meio de petição inicial, o pagamento de custas processuais, a capacidade postulatória, a coisa julgada? O paradoxal é que a própria Corte superior continua a exigir tais requisitos, que, explicáveis à luz do exercício do direito de ação, perdem qualquer justificativa diante do mero exercício do direito de petição" (NEVES, Daniel Amorim Assumpção. *Ações constitucionais*: volume único. Salvador: Ed. JusPodivm, 2017, p. 250).

CAPÍTULO 3

HIPÓTESES DE CABIMENTO

A análise das hipóteses de cabimento da reclamação constitucional deve partir da própria Constituição da República. Afinal, tratando-se do diploma normativo fundante, estruturante e de maior hierarquia do ordenamento jurídico, é dela que devemos retirar o tratamento normativo inicial desse instituto jurídico.

Com efeito, a Constituição de 1988 prevê, de forma expressa, duas situações que ensejam a utilização da via processual da reclamação constitucional: (i) para a preservação da competência do Supremo Tribunal Federal e do Superior Tribunal de Justiça; bem como (ii) para a garantia da autoridade de suas decisões. É o que deriva da literalidade das disposições dos artigos 102, I, "l", e 105, I, "f", da CRFB/88.

No entanto, a Constituição não esgota o tratamento normativo sobre a matéria, havendo outras hipóteses de cabimento que decorrem de previsões legislativas de natureza infraconstitucional.[21] Nesse contexto, outra norma que devemos destacar é a Lei nº 11.417/2006, a que se fez menção no capítulo anterior e que disciplinou a edição, a revisão

---

[21] A constatação lança dúvidas sobre a própria existência do epíteto "constitucional" ao termo "reclamação", já que nem todas as hipóteses de cabimento passam a ter fundamento normativo constitucional explícito ou direto. De toda forma, a adoção da expressão conjunta "reclamação constitucional" se justifica a partir de uma diferenciação histórica desse instrumento processual frente à correição parcial (ou reclamação correicional), sobre a qual já se dispôs no capítulo anterior. Veja-se, a propósito, que, apesar de estar correta a denominação "reclamação constitucional", na prática, costuma-se falar apenas em "reclamação", que é inclusive o termo adotado pelo Código de Processo Civil, bem como já o fazia regimento interno do STF na regulamentação do tema, por exemplo. Em todo caso, o fato de existirem hipóteses de cabimento de expressa previsão constitucional direta e outras que decorrem de derivação da normatização infraconstitucional não resulta na existência de dois tipos de reclamações (uma "constitucional" e outra "infraconstitucional", por assim dizer), tendo em vista que há um mesmo regime jurídico geral, com peculiaridades procedimentais conforme a hipótese de cabimento e/ou o ato reclamado.

e o cancelamento de enunciado de súmula vinculante pelo Supremo Tribunal Federal, em regulamentação ao artigo 103-A da CRFB/88, que foi introduzido pela Emenda Constitucional nº 45/2002. Como mencionado, o artigo 7º da Lei nº 11.417/2006 passou a prever o cabimento de reclamação em outra hipótese: (iii) contra o ato administrativo ou a decisão judicial que contrariasse, negasse aplicação ou aplicasse indevidamente enunciado de súmula vinculante, ampliando as hipóteses de cabimento da reclamação constitucional.

Por fim, também o Código de Processo Civil de 2015 (Lei nº 13.105) trouxe modificações ao tema. Com efeito, além de reproduzir essas três primeiras hipóteses de cabimento – todas elas consolidadas em seu artigo 988 –, a norma trouxe outra situação em que é possível se valer da reclamação constitucional: (iv) para garantir a observância de acórdão proferido em julgamento de incidente de resolução de demandas repetitivas (IRDR) ou de incidente de assunção de competência (IAC), institutos criados pelo Código de 2015.

O incidente de resolução de demandas repetitivas (IRDR) e o incidente de assunção de competência (IAC) são institutos novos, criados pelo Código de Processo Civil de 2015. Constituem espécies de precedentes a serem observados pelos juízes e tribunais, na forma do artigo 927, III, do CPC, voltados especialmente aos tribunais de segunda instância, como mecanismos de reforço a um sistema de precedentes coerente, estável e íntegro, que preza pela isonomia e celeridade na resolução dos processos.

Como destacado, a garantia da observância de acórdão proferido em julgamento de incidente de resolução de demandas repetitivas ou de incidente de assunção de competência é uma das hipóteses de cabimento da reclamação. Por essa razão, é também pertinente ao presente estudo o conhecimento das principais características desses dois institutos. Ademais, a tese fixada nesses incidentes permite, por exemplo, a improcedência liminar do pedido (artigo 332, IV), a dispensa de remessa necessária (artigo 496, §4º, III) e o provimento ou desprovimento monocrático de recursos (artigo 932, IV e V).

O IRDR (artigo 976 e seguintes do CPC) é uma espécie do conjunto de julgamento de casos repetitivos, ao lado dos recursos especial e extraordinário repetitivos (artigo 928). Sua instauração é cabível quando se estiver frente à questão unicamente jurídica efetivamente repetida em diversos processos que gere potencial risco de ofensa à isonomia e à segurança jurídica. A ideia, assim como ocorre nos recursos especial e extraordinário repetitivos, é selecionar um processo paradigma, um caso piloto, a partir do qual se discuta a tese jurídica nele contida para que, decidida objetivamente a questão, o entendimento fixado possa ser aplicado a todos os processos em que discutida a questão, no âmbito da competência do tribunal julgador (artigo 985), sob pena de cabimento de reclamação (artigo 985, §1º).

Apesar de não haver regra taxativa nesse sentido, o que ainda gera certa controvérsia em doutrina, prevalece que a instauração do IRDR é possível apenas perante tribunais de 2ª instância (tribunais de justiça ou regionais federais).[22] Isso porque a fixação de competência do Supremo Tribunal Federal é matéria constitucional de interpretação estrita, além de haver alguns indícios no código que levam a essa conclusão, tais como a impossibilidade de instauração do IRDR quando um dos tribunais superiores já tenha afetado recurso para definição de tese sobre questão de direito material ou processual repetitiva (artigo 976, §4º), bem como a possibilidade de interposição de recurso extraordinário ou especial, conforme o caso (artigo 987). Destaque-se que esses recursos terão efeito suspensivo *ex lege*, presumindo-se, no recurso extraordinário, a repercussão geral da questão constitucional versada (§1º). Nesse caso, a tese fixada pelo Supremo Tribunal Federal ou pelo Superior Tribunal de Justiça no julgamento do recurso será aplicada nacionalmente, havendo a possibilidade de prévio requerimento da ampliação da suspensão dos processos que discutem a questão (artigo 982, §3º).

O IAC (artigo 947 e seguintes do CPC), por sua vez, pode ocorrer quando se revele, em recurso, remessa necessária ou processo de competência originária, uma relevante questão de direito, com grande repercussão social, sem repetição em múltiplos processos. Diversamente

---

[22] Nesse sentido, houve recente decisão do min. Dias Toffoli, no exercício da presidência do STF, afirmando a impossibilidade de instauração de IRDR perante o tribunal, de cuja fundamentação extrai-se o seguinte excerto: "Esse importante incidente de realização da isonomia processual e formação de pauta de conduta é da competência originária do tribunal estadual ou federal a que o juiz da causa estiver vinculado, pois em razão do regime de direito estrito, as hipóteses de ações, recursos e incidentes da competência da Suprema Corte estão taxativamente disciplinadas no art. 102 da Lei Maior. Para o dimensionamento da litigiosidade repetitiva, o Código de Processo Civil de 2015 reservou ao Supremo Tribunal Federal o incidente de resolução de recursos extraordinários repetitivos, que, conjugado com a repercussão geral, prevista no §3º do art. 102 da Carta da República, permite a Suprema Corte, a partir de criteriosa admissibilidade de representativos da controvérsia, a seleção de temas constitucionais de envergadura maior, para a formação de pautas de condutas de observância obrigatória pelas instituições do sistema de justiça. [...] Depreende-se que o Incidente de Resolução de Demandas Repetitivas é um incidente a ser suscitado perante os tribunais de segundo grau. Essa orientação igualmente é revelada ao longo da própria memória do processo legislativo do Código de Processo Civil de 2015. Em momento algum as Comissões do Senado Federal e da Câmara dos Deputados fizeram constar em seus relatórios a possibilidade de se atribuir ao Supremo Tribunal Federal a competência para processar e julgar esse relevante instrumento de formação de padrão decisório" (Pet 8.245, rel. min. Dias Toffoli (presidente), decisão monocrática, DJe de 15.10.2019).

do que ocorre com o IRDR, a repetição da questão não é um requisito, bastando sua relevância e repercussão social.

Dessa forma, as quatro hipóteses genéricas de cabimento da reclamação constitucional encontram-se consolidadas no artigo 988 do Código de Processo Civil. Houve, ainda, modificações supervenientes estabelecidas pela Lei nº 13.256/2016 que estabeleceram algumas modificações ao longo do Código de 2015 antes mesmo que ele entrasse em vigor, dentre as quais se destacam modificações relativas à reclamação constitucional que inspiram, em alguns de seus pontos, acirrados debates, como adiante de destacará.

Cumpre, portanto, estudar separadamente cada uma dessas hipóteses de cabimento, analisando temas que impactam diretamente o cotidiano forense na propositura, trâmite e apreciação dessa classe processual.

1   Preservação da competência

A primeira hipótese de cabimento da reclamação tem por objetivo preservar a competência dos tribunais, evitando sua usurpação por outros órgãos judiciais incompetentes para processar e julgar determinada causa. Com efeito, na estruturação do Poder Judiciário, a Constituição e as leis que a regulamentam estabelecem critérios de competência – absoluta e relativa – para apreciação das causas judiciais, representando a parcela da jurisdição atribuída àquele órgão judicial. Nesse sentido, o descumprimento de uma regra de competência, sobretudo quando absoluta, pode gerar sérias consequências processuais, causando potenciais vícios de nulidade (*v.g.*, artigo 564 do Código de Processo Penal), a ensejar o cabimento de ação rescisória ou revisão criminal em benefício do réu (*v.g.*, artigo 966, II, do Código de Processo Civil e artigo 621 do Código de Processo Penal). Eventual reconhecimento tardio desses vícios acarretará grande prejuízo à marcha processual, à resolução dos litígios que se apresentam e à razoável duração do processo, fazendo-se imperativo que haja mecanismos processuais que permitam a correção do vício de incompetência ainda no curso do processo.

Imagine, por exemplo, uma ação penal oferecida em primeira instância pelo Ministério Público em face de acusado ocupante de cargo ao qual se atribui foro por prerrogativa de função perante o Supremo Tribunal Federal (artigo 102, I, "b" e "c", da CRFB/88). Em lugar de se esperar todo o trâmite processual para que apenas em recurso extraordinário – caso demonstrado o preenchimento de seus vários requisitos de admissibilidade – a questão possa ser eventualmente apreciada pelo STF, é possível valer-se desde logo da reclamação constitucional, manejada para preservar a competência do tribunal, a fim de que a questão se resolva e o processo possa transcorrer perante a autoridade judicial efetivamente competente para seu processamento e julgamento.[23]

---

[23] Situações semelhantes podem ser colhidas de vários casos já enfrentados pelo STF, como, por exemplo, a Rcl nº 12.484, cuja ementa autoexplicativa bem elucida o que decidido no acórdão: "Reclamação. Constitucional. Alegação de usurpação de competência originária do Supremo Tribunal Federal. Plausibilidade jurídica da questão. Deputado federal. Prerrogativa de foro. Artigo 102, inciso I, alínea b, da Constituição Federal. Diligências investigatórias produzidas no curso dos Inquéritos nºs 129/2010 e 280/2010 anteriormente à cessação do mandato de parlamentar de um dos reclamantes. Usurpação de competência configurada. Afronta à eficácia da Súmula Vinculante nº 11 em relação a um dos reclamantes. Ilegitimidade do juízo reclamado para figurar no polo passivo da respectiva ação. Atos atacados que teriam sido praticados pelas autoridades policiais que deram cumprimento ao mandado de prisão expedido contra o reclamante em questão e por aqueles que seriam os responsáveis pela sua guarda na unidade prisional. Superveniência de título prisional. Não conhecimento. Precedentes. Reclamação parcialmente procedente. 1. Revela-se patente, no caso, a usurpação das competências constitucionais da Corte (art. 102, inciso I, alínea b, da Constituição Federal), uma vez que foram instaurados, de ofício, dois inquéritos policiais – o de nº 129/10 da DPCAMI da Comarca de Rio Sul/SC e o de nº 280/10 da DP da Comarca de Itapema/SC –, nos quais figurava como indiciado o reclamante detentor de foro especial por prerrogativa de função, uma vez que investido, à época da instauração dos procedimentos policiais, em mandato de deputado federal. 2. É da jurisprudência da Corte o entendimento de que a polícia judiciária não está autorizada a instaurar, de ofício, inquérito policial para apurar a conduta de parlamentares federais (PET nº 3.825/MT-QO, Tribunal Pleno, Relator para acórdão o Ministro Gilmar Mendes, DJ de 4/4/08). 3. A despeito da existência de jurisprudência na Corte no sentido de os vícios eventualmente ocorridos no inquérito policial não terem o condão de macular a ação penal (HC nº 83.921/RJ, Primeira Turma, Relator o Ministro Eros Grau, DJe de 27/8/04), devem ser consideradas imprestáveis as provas ilícitas obtidas de forma direta ou por derivação de outras (*fruits of the poisonous tree*), independentemente do momento em que forem produzidas. 4. Essas razões justificam que os elementos de prova formalmente produzidos nos Inquéritos nºs 129/10 e 280/10 sejam desentranhados do caderno processual, aniquilando qualquer possibilidade de servirem de subsídio para fundamentar a condenação, sem prejuízo daquelas provas eventualmente produzidas de forma legítima e autônoma. 5. Quanto à sustentada afronta à Súmula Vinculante nº 11 da Suprema Corte, não se pode imputar ao Juízo de Direito da Vara Criminal da Comarca de Itapema/SC qualquer ato consubstanciador de descumprimento do enunciado em questão. Dessa feita, seria aquele juízo parte ilegítima para figurar no polo passivo desta ação, uma vez que todos os atos atacados teriam sido praticados pelas autoridades policiais que deram cumprimento ao mandado de prisão expedido contra o reclamante em questão, bem como por aqueles que seriam os responsáveis pela sua guarda na unidade prisional. Em situações como essa a Suprema Corte tem, inclusive, negado seguimento às reclamações ajuizadas. Precedentes. 6. Ainda que admitido o desrespeito ao enunciado sumular nos atos narrados, a consequência seria a nulidade apenas dos atos nos quais teria havido a utilização de algemas com abuso, a saber, o ato de cumprimento do mandado de prisão do reclamante em questão e o ato processual que a decretou, a qual, inclusive, não mais subsiste, pois, houve a superveniência de título prisional embasado em requisitos cautelares próprios (CPP, art. 312), o que não mais se confunde com o enunciado disposto na Súmula Vinculante nº 11 da Corte. 7. Conhecimento parcial da reclamação, a

No ponto, relativamente à preservação da competência para os casos de inquéritos e ações penais relativos a autoridades com foro por prerrogativa de função, cumpre rememorar o que recentemente decidido pelo Plenário do Supremo Tribunal Federal na questão de ordem formulada na Ação Penal nº 937. Em interpretação restritiva a essas situações que, portanto, ensejam o processamento e julgamento originários de uma ação penal pelo STF, decidiu-se que a hipótese só se justifica quando se trate de crime cometido durante o exercício do cargo ocupado e relacionado às funções nele desempenhadas. Fixou-se, ainda, o entendimento de que o encerramento da instrução processual (cujo marco objetivo é a publicação do despacho de intimação para apresentação de alegações finais) à competência para processar e julgar ações penais não se alterará pelo fato de o agente denunciado passar a ocupar cargo ou deixar o cargo que ocupava.[24]

---

qual, quanto à parte de que se conhece, se julga parcialmente procedente" (Rcl nº 12.484, rel. min. Dias Toffoli, Primeira Turma, julgamento em 29.04.2014, DJe de 29.09.2014).

[24] Pela importância do caso, sobretudo para aferição dos casos que se subsumam ou não no âmbito dessa competência originária do Supremo Tribunal Federal, veja como ficou redigida a ementa do acórdão então proferido: "Direito Constitucional e Processual Penal. Questão de Ordem em Ação Penal. Limitação do foro por prerrogativa de função aos crimes praticados no cargo e em razão dele. Estabelecimento de marco temporal de fixação de competência. I. *Quanto ao sentido e alcance do foro por prerrogativa* 1. O foro por prerrogativa de função, ou foro privilegiado, na interpretação até aqui adotada pelo Supremo Tribunal Federal, alcança todos os crimes de que são acusados os agentes públicos previstos no art. 102, I, b e c da Constituição, inclusive os praticados antes da investidura no cargo e os que não guardam qualquer relação com o seu exercício. 2. Impõe-se, todavia, a alteração desta linha de entendimento, para restringir o foro privilegiado aos crimes praticados no cargo e em razão do cargo. É que a prática atual não realiza adequadamente princípios constitucionais estruturantes, como igualdade e república, por impedir, em grande número de casos, a responsabilização de agentes públicos por crimes de naturezas diversas. Além disso, a falta de efetividade mínima do sistema penal, nesses casos, frustra valores constitucionais importantes, como a probidade e a moralidade administrativa. 3. Para assegurar que a prerrogativa de foro sirva ao seu papel constitucional de garantir o livre exercício das funções – e não ao fim ilegítimo de assegurar impunidade – é indispensável que haja relação de causalidade entre o crime imputado e o exercício do cargo. A experiência e as estatísticas revelam a manifesta disfuncionalidade do sistema, causando indignação à sociedade e trazendo desprestígio para o Supremo. 4. A orientação aqui preconizada encontra-se em harmonia com diversos precedentes do STF. De fato, o Tribunal adotou idêntica lógica ao condicionar a imunidade parlamentar material – i.e., a que os protege por 2 suas opiniões, palavras e votos – à exigência de que uma manifestação tivesse relação com o exercício do mandato. Ademais, em inúmeros casos, o STF realizou interpretação restritiva de suas competências constitucionais, para adequá-las às suas finalidades. Precedentes. *II. Quanto ao momento da fixação definitiva da competência do STF* 5. A partir do final da instrução processual, com a publicação do despacho de intimação para apresentação de alegações finais, a competência para processar e julgar ações penais – do STF ou de qualquer outro órgão – não será mais afetada em razão de o agente público vir a ocupar outro cargo ou deixar o cargo que ocupava, qualquer que seja o motivo. A jurisprudência desta Corte admite a possibilidade de prorrogação de competências constitucionais quando necessária para preservar a efetividade e a racionalidade da prestação jurisdicional. Precedentes. *III.*

Além dessas situações, também é possível vislumbrar exemplos na área cível para essa primeira hipótese estudada de cabimento de reclamação. Imagine uma demanda judicial ajuizada na primeira instância da Justiça Federal, mas que verse conflito federativo entre a União e um estado-membro da federação, por exemplo. Trata-se de situação que enseja o processamento e julgamento originário da causa pelo Supremo Tribunal Federal (artigo 102, I, "f", da CRFB/88), a possibilitar a utilização da via processual da reclamação constitucional, no afã de proteger a competência dessa Corte Suprema.

Note que esses vícios de incompetência, não obstante devam ser alegados no primeiro momento possível e por vezes dependam da demonstração de prejuízo, poderiam ser também impugnados pela via recursal ordinária. Nos casos propostos, caso rejeitada em primeira instância, a alegação de incompetência do juízo poderia ser também deduzida em recurso de apelação e, sucessivamente, recursos especial e extraordinário, eventualmente. Não obstante, a via da reclamação oferece benefícios processuais interessantes por permitir que a questão seja desde logo levada à apreciação do tribunal cuja competência se pretende preservar (no exemplo mencionado, o próprio Supremo Tribunal Federal), sem a necessidade de antes percorrer todas as instâncias processuais ordinárias. Trata-se, portanto, de uma via mais célere e que evita a necessidade da difícil tarefa de demonstração do cumprimento de todos os estritos requisitos de admissibilidade do recurso extraordinário, por exemplo.

Como já discorrido, essa hipótese de cabimento encontra previsão constitucional expressa na Constituição de 1988 (artigo 102, I, "l", e artigo 105, I, "f") para fins de preservação da competência do Supremo Tribunal Federal e do Superior Tribunal de Justiça. O Código de Processo Civil, porém, faz menção apenas a *"tribunal"* (artigo 988, I), de forma

---

Conclusão 6. Resolução da questão de ordem com a fixação das seguintes teses: '*(i) O foro por prerrogativa de função aplica-se apenas aos crimes cometidos durante o exercício do cargo e relacionados às funções desempenhadas; e (ii) Após o final da instrução processual, com a publicação do despacho de intimação para apresentação de alegações finais, a competência para processar e julgar ações penais não será mais afetada em razão de o agente público vir a ocupar cargo ou deixar o cargo que ocupava, qualquer que seja o motivo*'. 7. Aplicação da nova linha interpretativa aos processos em curso. Ressalva de todos os atos praticados e decisões proferidas pelo STF e demais juízos com base na jurisprudência anterior. 8. Como resultado, determinação de baixa da ação penal ao Juízo da 256ª Zona Eleitoral do Rio de Janeiro, em razão de o réu ter renunciado ao cargo de Deputado Federal e tendo em vista que a instrução processual já havia sido finalizada perante a 1ª instância" (AP 937-QO, rel. min. Roberto Barroso, Tribunal Pleno, julgamento em 03.05.2018, DJe de 11.12.2018).

genérica, a sugerir a possibilidade de manejo da reclamação também perante outros tribunais.

Com efeito, até 2003, prevalecia no Supremo Tribunal Federal que era incabível reclamação perante tribunais de justiça, por exemplo, sob o fundamento principal de que essa medida não encontrava fundamento constitucional ou legal expresso. No tempo em que a reclamação ainda não possuía regramento normativo, sendo fruto de criação jurisprudencial e regimental, a corte afirmava o entendimento de que se tratava de via processual exclusiva do Supremo Tribunal Federal.[25]

Entretanto, anos depois, esse entendimento foi revisto para assentar a possibilidade de instituição da reclamação perante tribunais de justiça, mediante previsão na respectiva constituição estadual, em decorrência do princípio da simetria. Assim é que, no julgamento da ADI nº 2.212, já abordada no capítulo anterior, a corte passou a afirmar que "a reclamação constitui instrumento que, aplicado no âmbito dos Estados-membros, tem como objetivo evitar, no caso de ofensa à autoridade de um julgado, o caminho tortuoso e demorado dos recursos previstos na legislação processual, inegavelmente inconvenientes quando já tem a parte uma decisão definitiva" e que "visa, também, à preservação da competência dos Tribunais de Justiça estaduais, diante de eventual usurpação por parte de Juízo ou outro Tribunal local".[26]

---

[25] Veja, nesse sentido, o que afirmado na Rp nº 1.092, julgada em 1984: "RECLAMAÇÃO. INSTITUTO QUE NASCEU DE UMA CONSTRUÇÃO PRETORIANA, VISANDO A PRESERVAÇÃO, DE MODO EFICAZ, DA COMPETÊNCIA E DA AUTORIDADE DOS JULGADOS DO SUPREMO TRIBUNAL FEDERAL. SUA INCLUSAO A 2.10.57, NO REGIMENTO INTERNO DO ÓRGÃO MAIOR NA HIERARQUIA JUDICIAL E QUE DESFRUTA DE SINGULAR POSIÇÃO. PODER RESERVADO EXCLUSIVAMENTE AO SUPREMO TRIBUNAL FEDERAL PARA LEGISLAR SOBRE 'O PROCESSO E O JULGAMENTO DOS FEITOS DE SUA COMPETÊNCIA ORIGINARIA OU RECURSAL', INSTITUIDO PELA CONSTITUIÇÃO FEDERAL DE 1967 (ART-115, PARAG-ÚNICO, LETRA C, HOJE ART-119, PAR-3., LETRA C). COMO QUER QUE SE QUALIFIQUE - RECURSO, AÇÃO, OU MEDIDA PROCESSUAL DE NATUREZA EXCEPCIONAL, E INCONTESTAVEL A AFIRMAÇÃO DE QUE SOMENTE AO SUPREMO TRIBUNAL FEDERAL EM FACE PRIMACIALMENTE, DA PREVISÃO INSERIDA NO ART-119, PAR-3., LETRA 'C', DA CONSTITUIÇÃO DA REPUBLICA, E DADO NO SEU REGIMENTO INTERNO, CRIAR TAL INSTITUTO, NÃO PREVISTO NAS LEIS PROCESSUAIS. O REGIMENTO INTERNO DO TRIBUNAL FEDERAL DE RECURSOS AO CRIAR A RECLAMAÇÃO, NOS SEUS ARTS. 194 A 201, 'PARA PRESERVAR A COMPETÊNCIA DO TRIBUNAL OU GARANTIR A AUTORIDADE DAS SUAS DECISÕES', VULNEROU OS PRECEITOS CONSTANTES DO ART-43 C/C O ART-8., INC-XVII, LETRA B, ART-6. E SEU PARAGRAFO ÚNICO, E DO ART-119, PAR-3., LETRA C, DA LEI MAGNA. REPRESENTAÇÃO JULGADA PROCEDENTE, POR MAIORIA DE VOTOS" (Rp nº 1.092, rel. min. Djaci Falcão, Tribunal Pleno, julgamento em 31.10.1984, DJ de 19.12.1984).

[26] ADI nº 2.212, rel. min. Ellen Gracie, Tribunal Pleno, julgamento em 02.10.2003, DJ de 14.11.2003.

Como já salientado, porém, sob a égide do Código de Processo Civil de 2015 essa discussão perde grande parte de sua relevância. Isso porque tal diploma legal é expresso ao permitir a possibilidade de propositura da reclamação constitucional perante qualquer tribunal – artigo 988, §1º: "A reclamação pode ser proposta perante qualquer tribunal, e seu julgamento compete ao órgão jurisdicional cuja competência se busca preservar ou cuja autoridade se pretenda garantir".

Por fim, há situações em que o ato judicial reclamado pode representar usurpação da competência não de todo o tribunal, mas apenas de um dos seus órgãos, como sua presidência, por exemplo. Para ilustrar a questão, destaque-se o regimento interno do Supremo Tribunal Federal, segundo o qual, em regra, as reclamações ajuizadas serão submetidas à livre distribuição à relatoria de um de seus ministros, observadas as regras regimentais de prevenção (veja, nesse sentido, o artigo 70 do regimento interno do STF), na linha do que também dispõe o artigo 988, §3º, do CPC ("assim que recebida, a reclamação será autuada e distribuída ao relator do processo principal, sempre que possível"). Entretanto, quando se alegue na reclamação a usurpação de competência da presidência do tribunal, este feito será distribuído à relatoria do ministro presidente, na linha do que dispõe o §4º do artigo 70 do RISTF, incluído pela Emenda Regimental nº 34/2009 ("será distribuída ao Presidente a reclamação que tiver como causa de pedir a usurpação da sua competência ou o descumprimento de decisão sua"). É o que pode ocorrer, por exemplo, em relação às medidas de contracautela (suspensão de segurança, suspensão de liminar, suspensão de tutela antecipada, suspensão de tutela provisória),[27] quando, versando

---

[27] Os pedidos de suspensão podem ser formulados com o objetivo de evitar grave lesão à ordem, saúde, segurança ou economia públicas e será direcionado ao presidente do tribunal ao qual couber o conhecimento do respectivo recurso cabível contra a decisão cujos efeitos se quer suspender. Possuem previsão em alguns diplomas normativos, tais como a Lei nº 8.437/1992 (artigo 4º e parágrafos), que dispõe sobre a concessão de medidas cautelares contra atos do Poder Público; a Lei nº 12.016/2009 (artigo 15), que trata do procedimento do Mandado de Segurança; bem como na Lei da Ação Civil Pública (Lei nº 7.347/85), que também contém previsão mais simplificada a respeito (artigo 12, §1º). As hipóteses que autorizam a suspensão revestem-se de natureza eminentemente política e extrajurídica, diferenciando-se das causas que geralmente justificam outros meios de impugnação de decisões judiciais (tais como os recursos), quais sejam o *error in procedendo* e o *error in judicando*. Trata-se, ainda, de categorias amplamente subjetivas, que revestem conceitos jurídicos indeterminados, a serem apreciados pelo julgador perante o caso concreto. A competência para analisar o pedido de suspensão é do próprio presidente do tribunal ao qual destinado o requerimento, que o decidirá de forma monocrática. Ante tal decisão, será cabível o recurso de agravo interno, ao qual o *caput* do artigo 15 da Lei nº 12.016/2009 prevê o prazo legal específico de 5 (cinco) dias, a fim de que se leve a controvérsia à apreciação de órgão colegiado. Entretanto, o indeferimento do pedido de suspensão ou o provimento do agravo interno ajuizado em

matéria constitucional, seja apreciada por presidente de outro tribunal que não o STF. Observe que essa regra também possui aplicação para a segunda hipótese de cabimento da reclamação constitucional, a seguir estudada, quando se alegue violação ou descumprimento à decisão proferida pelo presidente do tribunal.

2 Garantia da autoridade das decisões

A segunda hipótese de cabimento dispõe ser possível o ajuizamento de reclamação constitucional para garantir a autoridade das decisões do tribunal (artigo 988, II, do CPC). Assim como na primeira situação acima estudada, trata-se de previsão que decorre de previsão constitucional expressa (artigo 102, I, "l", e artigo 105, I, "f") para fins de preservação da competência do Supremo Tribunal Federal e do Superior Tribunal de Justiça. Não obstante, a partir da já comentada ampliação do cabimento da reclamação, sobretudo a partir da previsão expressa do CPC/2015, é possível se valer da reclamação para impugnar decisão judicial que descumpra a autoridade das decisões de outros

---

face da decisão monocrática do presidente não impedirá o cabimento de novo pedido de suspensão ao presidente do tribunal competente para conhecer de eventual recurso especial ou extraordinário. Seria o caso, por exemplo, em que negado, por tribunal regional federal, o pedido de suspensão dos efeitos de uma sentença proferida por juiz federal, formula-se novo pedido de suspensão direcionado ao presidente do Supremo Tribunal Federal ou do Superior Tribunal de Justiça, tendo em vista que a esses órgãos caberá conhecer de eventual recurso extraordinário ou especial, respectivamente, conforme a natureza constitucional ou infraconstitucional da questão discutida. No âmbito da Lei nº 8.437/92, o §9º de seu artigo 4º assegura que "a suspensão deferida pelo Presidente do Tribunal vigorará até o trânsito em julgado da decisão de mérito na ação principal". O dispositivo, incluído pela mencionada Medida Provisória nº 2.180/2001, cristalizou na lei entendimento jurisprudencial que então já predominava no Supremo Tribunal Federal, que inclusive já havia editado súmula sobre o tema. Nesse sentido é o Enunciado nº 626, segundo o qual: "A suspensão da liminar em mandado de segurança, salvo determinação em contrário da decisão que a deferir, vigorará até o trânsito em julgado da decisão definitiva de concessão da segurança ou, havendo recurso, até a sua manutenção pelo Supremo Tribunal Federal, desde que o objeto da liminar deferida coincida, total ou parcialmente, com o da impetração". Assim é que em doutrina se defende que a decisão suspensa não poderá, salvo determinação em contrário da manifestação que a suspendeu, ser retomada, ainda que sob outro nome ou ainda que em ação ordinária, quando se refira a objeto idêntico. Nesse sentido, Hely Lopes Meirelles, Arnoldo Wald e Gilmar Ferreira Mendes afirmam que "deferida a tutela pelo Presidente do STF a suspensão da eficácia de medida liminar em mandado de segurança, a Justiça local não pode conceder tutela antecipada em ação ordinária versando sobre o mesmo objeto" (MEIRELLES, Hely Lopes; WALD, Arnold; MENDES, Gilmar Ferreira. *Mandado de Segurança e Ações Constitucionais*. São Paulo: Malheiros, 2016. p. 112). Por fim, eventual cassação, anulação ou perda de eficácia da decisão que se pretende suspender acarretará a perda de objeto do pedido de suspensão. Para mais informações, conferir: ARABI, Abhner Youssif Mota. *Mandado de Segurança e Mandado de Injunção*. 2. ed. Salvador: Editora JusPodivm, 2019.

tribunais – nesse sentido, veja que o §1º do artigo 988 do Código também alberga essa situação: "A reclamação pode ser proposta perante qualquer tribunal, e seu julgamento compete ao órgão jurisdicional cuja competência se busca preservar ou cuja autoridade se pretenda garantir".

Sob essa hipótese, questiona-se ato judicial que contrarie decisão vinculante proferida por determinado tribunal, levando diretamente a este a postulação de preservação da garantia de suas decisões. Para tanto, mostra-se necessário, porém, que o requerente demonstre a *aderência estrita* entre a decisão reclamada e o precedente paradigma tido por violado. Em outras palavras, é essencial que haja parametricidade entre o que afirmado pelo precedente do tribunal apontado como paradigma e o ato reclamado que supostamente o viola; é necessário que ambas as decisões disponham sobre a mesma questão jurídica.

Assim, a ausência de aderência estrita entre a decisão reclamada e o paradigma tido por violado é causa que acarreta o insucesso da reclamação, havendo consolidada jurisprudência do STF sobre o ponto.[28] Nesse mesmo sentido, para que se possa realizar esse cotejo analítico entre a decisão reclamada e o paradigma, faz-se necessário que o requerente indique, de forma específica e analítica, qual o precedente tido por violado e de que forma ocorre essa alegada violação. Sobre o tema, são bastante didáticas as palavras redigidas pelo min. Celso de Mello na ementa do acórdão proferido na Rcl nº 6.534:

> *Os atos questionados em qualquer reclamação – nos casos em que se sustenta desrespeito à autoridade de decisão do STF – hão de se ajustar, com exatidão e pertinência, aos julgamentos desta Suprema Corte invocados como paradigmas de confronto, em ordem a permitir, pela análise comparativa, a verificação da conformidade, ou não, da deliberação estatal impugnada em relação ao parâmetro de controle emanado deste Tribunal.* Precedentes. O remédio constitucional da reclamação não pode ser utilizado como um (inadmissível) atalho processual destinado a permitir, por razões de caráter meramente pragmático, a submissão imediata do litígio ao exame direto do STF. Precedentes. A reclamação, constitucionalmente vocacionada a cumprir a dupla função a que alude o art. 102, I, l, da Carta Política (RTJ 134/1033) – embora cabível, em tese, quando se tratar de decisão revestida de efeito vinculante (como sucede com os julgamentos proferidos em sede de

---

[28] São fartos os precedentes do Supremo Tribunal Federal sobre o ponto, *v.g.*: Rcl nº 34.865-AgR, rel. Min Roberto Barroso, Primeira Turma, julgamento em 27.09.2019, DJe de 10.10.2019; Rcl nº 35.863-AgR, rel. Min. Alexandre de Moraes, Primeira Turma, julgamento em 27.09.2019, DJe de 10.10.2019; Rcl nº 35.579-AgR, rel. Min. Gilmar Mendes, Segunda Turma, julgamento em 20.09.2019, DJe de 01.10.2019; Rcl nº 30.882-AgR, rel. Min. Ricardo Lewandowski, Segunda Turma, julgamento em 13.09.2019, DJe de 23.09.2019.

arguição de descumprimento de preceito fundamental, de ação direta de inconstitucionalidade ou de ação declaratória de constitucionalidade) –, não se qualifica como sucedâneo recursal nem configura instrumento viabilizador do reexame do conteúdo do ato reclamado, além de não constituir meio de revisão da jurisprudência eleitoral, eis que tal finalidade revela-se estranha à destinação constitucional subjacente à instituição dessa medida processual.[29]

Essa possibilidade de controle estrito, porém, não resta prejudicada pela ausência de publicação ou do trânsito em julgado da decisão paradigma, cuja imediata observância se impõe. Assim é que no Supremo já se afirmou que "a existência de precedente firmado pelo Plenário desta Corte autoriza o julgamento imediato de causas que versem sobre o mesmo tema, independentemente da publicação ou do trânsito em julgado do *leading case*".[30]

Ainda como decorrência dessas ideias, a análise do tribunal no julgamento da reclamação, na análise cotejada e analítica entre a decisão reclamada e o precedente paradigma, é estritamente jurídica, em que se apreciará o descumprimento ou não da tese jurídica afirmada pelo precedente. Dessa forma, em regra, o julgamento da reclamação não comporta a apreciação de matéria fática ou o rejulgamento da causa, visto que não se trata da via processual apta a tal providência. Lembra-se que a reclamação é via processual específica, com procedimento próprio, limitado e com hipóteses de cabimento peculiares, não podendo fazer as vezes de recurso, ação rescisória ou outras ações em geral (isso é, não pode ser utilizada como *sucedâneo* dessas outras vias processuais, conforme o termo comumente identificado da jurisprudência do STF).[31]

---

[29] Rcl nº 6.534-AgR, rel. min. Celso de Mello, Tribunal Pleno, julgamento em 25.09.2008, DJe de 17.10.2008, grifos nossos.

[30] ARE nº 707.863-ED, rel. min. Ricardo Lewandowski, Segunda Turma, julgamento em 30.10.2012, DJe de 20.11.2012.

[31] Nesse sentido, observe os seguintes excertos selecionados de ementas de acórdãos julgados pelo Supremo Tribunal Federal: "A jurisprudência desta Suprema Corte veda o revolvimento fático e probatório dos autos originários pela via reclamatória (Rcl 18.354-AgR, rel. min. Ricardo Lewandowski, Segunda Turma, DJe-197 de 1.9.2017) e exige estrita aderência entre o objeto do ato reclamado e o conteúdo do paradigma de controle (Rcl 4.487-AgR, rel. min. Dias Toffoli, Tribunal Pleno, DJe-230 de 5.12.2011)" (Rcl nº 25.934-AgR, rel. Min. Rosa Weber, Primeira Turma, julgamento em 23.08.2019, DJe de 03.09.2019). "Em reclamação, é inviável reexaminar o material fático-probatório dos autos, a fim de rever a caracterização da omissão do Poder Público" (Rcl nº 24.545-AgR, rel. min. Roberto Barroso, Primeira Turma, julgamento em 21.10.2016, DJe de 10.11.2016). "É firme a orientação jurisprudencial desta Suprema Corte no sentido da impossibilidade do uso da reclamação constitucional como sucedâneo recursal [...]" (Rcl nº 35.156-AgR, rel. min. Ricardo Lewandowski, Segunda Turma, julgamento em 20.09.2019, DJe de 01.10.2019). "A reclamação constitucional não

Por essas mesmas razões, por exemplo, é que a jurisprudência do STF se firmou no sentido de que a via da reclamação é inadequada a aferir as condições físicas de sala em que recolhido advogado preso, ao qual se atribui o direito à prisão especial em sala de estado maior (artigo 7º, V, da Lei nº 8.906/1994), tendo em vista que essa análise fática ultrapassa o escopo limitado dessa via processual. Assim, afirmou-se que a "reclamação não *é* via própria para avaliar, mediante cognição plena, o acerto, ou não, de decisão judicial que reputa unidade prisional reservada como adequada para recolhimento de advogado com direito a prisão especial".[32]

Dentre esses julgados mencionados, sobressai também uma importante questão relativa à legitimidade ativa para a reclamação.[33] Em linhas diretas, poderá ajuizar essa ação a parte que seja alcançada pela decisão tida por violada, ocasião em que terá legitimidade e interesse processual para tanto. Assim, caso se trate de decisão proferida em processo de índole subjetiva, a princípio, apenas aqueles que foram partes no feito original ou beneficiados diretamente pela decisão ali proferida é que poderão propor a reclamação. Dessa forma, "não se conhece de reclamação fundada em desrespeito a precedentes sem eficácia geral e vinculante, dos quais a reclamante e a interessada não foram parte".[34]

Seria o caso, por exemplo, de uma decisão proferida em *habeas corpus* em que a ordem deferida ao paciente não é cumprida pela instância

---

é instrumento apto a obter juízo de reforma acerca da plausibilidade da matéria legal deduzida nas instâncias de origem, porquanto a reclamação não se 'configura instrumento viabilizador do reexame do conteúdo do ato reclamado'" (Rcl nº 35.594-AgR, rel. min. Dias Toffoli (Presidente), Tribunal Pleno, julgamento em 20.09.2019, DJe de 09.10.2019). "A reclamação, constitucionalmente vocacionada a cumprir a dupla função a que alude o art. 102, I, 'l', da Carta Política (RTJ 134/1033), não se qualifica como sucedâneo recursal nem configura instrumento viabilizador do reexame do conteúdo do ato reclamado, eis que tal finalidade revela-se estranha à destinação constitucional subjacente à instituição dessa medida processual. Precedentes" (Rcl nº 4.381-AgR, rel. min. Celso de Mello, julgamento em 22.06.2011, DJe de 05.08.2011).

[32] Rcl nº 4.733, rel. min. Cezar Peluso, Tribunal Pleno, julgamento em 07.05.2007, DJe de 08.06.2007. No mesmo sentido: Rcl nº 5.826, redator para o acórdão min. Dias Toffoli, Tribunal Pleno, julgamento em 18.03.2015, DJe de 03.08.2015.

[33] "Não se revela admissível a reclamação quando invocado, como paradigma, julgamento do Supremo Tribunal Federal proferido em processo de índole subjetiva que versou caso concreto no qual a parte reclamante sequer figurou como sujeito processual" (Rcl nº 4.381-AgR, rel. min. Celso de Mello, julgamento em 22.06.2011, DJe de 05.08.2011).

[34] Rcl nº 3.084, rel. min. Ricardo Lewandowski, Tribunal Pleno, julgamento em 29.04.2009, DJe de 01.07.2009.

de origem. Nesse caso, poder-se-ia, exemplificativamente, apresentar uma reclamação perante o Supremo Tribunal Federal.[35]

Novo exemplo, desta vez na área cível, ocorreu em outro caso julgado pelo STF,[36] em que o autor alegava descumprimento, pelo Superior Tribunal Militar (STM), de ordem anteriormente emitida pelo Supremo Tribunal Federal em processo de natureza subjetiva,[37] relativamente ao acesso, para fins de pesquisa, a áudios de julgamentos realizados por aquela corte castrense durante a década de 1970. A parte, então, em reclamação, conseguiu novo provimento jurisdicional que determinava o cumprimento da autoridade da decisão anterior, de modo que o interessado pudesse efetivamente ter acesso aos documentos pretendidos.

Diversamente, porém, ocorre em relação aos precedentes dotados de eficácia geral e efeitos vinculantes. Nessas situações, como o alcance da decisão paradigma é mais amplo e em geral dotado de efeitos *erga omnes*, também a legitimidade ativa para arguir em reclamação eventual descumprimento daquele precedente é mais elástica.

Exemplificativamente, no que diz respeito ao Supremo Tribunal Federal, para além dos casos de processos subjetivos acima identificados, a violação à autoridade de suas decisões pode se dar relativamente à decisão paradigma proferida em sede de controle concentrado de constitucionalidade, em recurso extraordinário submetido à sistemática da repercussão geral ou entendimento consolidado em súmula vinculante. Essa última situação será objeto de análise na próxima seção, cabendo, assim, a distinção entre os dois primeiros grandes grupos.

Em relação ao controle concentrado de constitucionalidade, trata-se de ações objetivas e abstratas, consubstanciadas pela ação direta de inconstitucionalidade, ação declaratória de constitucionalidade, arguição por descumprimento de preceito fundamental e ação direta de inconstitucionalidade por omissão. Com efeito, as decisões proferidas nesse âmbito são dotadas de efeitos vinculantes e eficácia geral (*erga omnes*).

---

[35] Veja, a propósito, caso semelhante recentemente apreciado pela Primeira Turma: Rcl nº 29.621, rel. min. Luiz Fux, julgamento em 25.06.2019.

[36] Rcl nº 11.949, rel. min. Cármen Lúcia, Tribunal Pleno, julgamento em 16.03.2017, DJe de 16.08.2017.

[37] RMS nº 23.036, rel. min. Maurício Corrêa, redator para o acórdão min. Nelson Jobim, Segunda Turma, julgamento em 18.03.2006, DJe de 35.08.2006.

2.1 Teoria dos motivos determinantes

Aqui, destacado ponto de controvérsia diz respeito à adoção, ou não, da teoria da transcendência dos motivos determinantes. Segundo essa teoria, o efeito vinculante da decisão adotada pelo STF alcançaria não apenas seu dispositivo, mas também os fundamentos jurídicos que conduziram a essa conclusão, isto é, a razão de decidir (*ratio decidendi*) seus *motivos determinantes*.

A discussão ganha nova relevância no contexto de tentativa de fortalecimento de um sistema brasileiro de precedentes, a partir de influxos típicos dos sistemas jurídicos anglo-saxônicos. Isso porque nem sempre se consegue extrair um precedente, isto é, uma tese jurídica fundamentadora, a partir de um julgado. No cenário brasileiro, essa dificuldade se agrava a partir da consideração da forma pela qual se operacionalizam os julgamentos em nossas cortes superiores e se constrói a argumentação dos acórdãos.

Com efeito, adota-se no Brasil um modelo em que os julgadores se reúnem para que cada um profira seu voto, a partir de cujas conclusões se conta a posição majoritária. Esse julgamento resultará na redação de um acórdão redigido pelo primeiro julgado a capitanear a posição vencedora, mas que também reunirá o compilado dos diversos votos proferidos pelos julgadores, que, por vezes, apresentam fundamentos jurídicos absolutamente diversos. Chama-se esse modelo de *agregativo*, diversamente do que ocorre, por exemplo, na Suprema Corte norte-americana, em que, sob um modelo *deliberativo*, primeiro se reúne, busca-se um consenso (unânime ou majoritário), que depois é exteriorizado e redigido a partir dos fundamentos que construirão o precedente.

Não se julga o modelo deliberativo necessariamente melhor que o agregativo, que apresenta pontos positivos e negativos. Entretanto, considerando que o fato de que se tenha chegado a uma mesma conclusão não necessariamente reflete que se tenha percorrido o mesmo caminho até ali, dificulta-se a extração de um precedente, de uma tese jurídica comum que possa ser aplicada em outros casos, dos motivos determinantes daquela conclusão.[38]

---

[38] A questão repercute, por exemplo, na possibilidade, ou não, de fixação de uma tese de julgamento pelo Supremo Tribunal Federal em ações do controle concentrado de constitucionalidade. Se no âmbito da repercussão geral já se tem no próprio desenho legislativo de seu procedimento a necessidade de fixação de uma tese, o mesmo não ocorre em relação ao exercício do controle de constitucionalidade concentrado e abstrato. Veja-se, a propósito, o debate ocorrido na sessão plenária de 3 de junho de 2020 no âmbito do julgamento da ADI nº 2.167. Formada a maioria para assentar a inconstitucionalidade de dispositivos da Emenda nº 7/1999 à Constituição do Estado de Roraima – que previam

Por trás dessa discussão, rememoram-se os antigos debates sobre a adoção, ou não, da mencionada teoria dos motivos determinantes. Na prática, se adotada essa teoria, seria possível alegar a violação à autoridade das decisões do tribunal em um maior número de casos, ampliando, dessa forma, o escopo dessa hipótese de cabimento de reclamação constitucional.

Imagine, por exemplo, que o STF tenha se manifestado sobre a inconstitucionalidade de uma lei do *município A* instituidora de determinado tributo, sob o *fundamento X*. Nesse caso, adotada a teoria supramencionada, a instituição e a cobrança de tributo idêntico pelo *município B* poderiam, por violação à *ratio decidendi* adotada no precedente paradigma, ensejar o ajuizamento de reclamação perante o Supremo Tribunal Federal, com o objetivo de garantir a autoridade de sua decisão. Historicamente, essa teoria já foi adotada pela corte, como na Rcl nº 2.363,[39] de cujo voto relator se extrai a afirmação de que "o alcance do efeito vinculante das decisões não pode estar limitado *à* parte dispositiva, devendo, também, considerar os chamados 'fundamentos determinantes'". Ou seja, acolhida essa posição, a verificação da observância ou contrariedade à autoridade de determinada decisão ou de um precedente se dá não apenas pelo seu dispositivo, mas também e principalmente por suas razões de decidir, seus fundamentos determinantes.

Não obstante, na evolução do entendimento jurisprudencial da corte, a teoria tem sido mais recentemente afastada, de modo a não

---

a sabatina prévia, pela Assembleia Legislativa, dos indicados para diversos cargos na estrutura administrativa do estado –, o ministro Roberto Barroso sugeriu a fixação de uma tese de julgamento que exteriorizasse a essência do que decidido pela corte naquele caso, possibilitando a vinculação dos órgãos judiciais para outros casos semelhantes e a publicidade orientativa da conclusão do julgamento. Entretanto, a proposta gerou divergências e bons debates, capitaneados pelo ministro Ricardo Lewandowski, no sentido de que o exercício do controle abstrato e concentrado de constitucionalidade deve ser realizado caso a caso, sem a necessidade de fixação de teses de julgamento, já que a decisão proferida pela corte já assumirá os efeitos de eficácia vinculante e efeitos *erga omnes*. Há, inclusive, propostas de alteração do regimento interno do Supremo Tribunal Federal para que a fixação de uma tese nas ações do controle concentrado de constitucionalidade passe a ter previsão procedimental própria.

[39] Rcl nº 2.363, rel. min. Gilmar Mendes, Tribunal Pleno, julgamento em 23.10.2003, DJ de 01.04.2005. O acórdão então proferido foi assim ementado: "RECLAMAÇÃO. 2. Seqüestro de recursos do Município de Capitão Poço. Débitos trabalhistas. 3. Afronta à autoridade da decisão proferida na ADI 1662. 4. Admissão de seqüestro de verbas públicas somente na hipótese de quebra da ordem cronológica. Não equiparação às situações de não-inclusão da despesa no Orçamento. 5. Efeito vinculante das decisões proferidas em ação direta de inconstitucionalidade. 6. Eficácia que transcende o caso singular. 7. Alcance do efeito vinculante que não se limita à parte dispositiva da decisão. 8. Aplicação das razões determinantes da decisão proferida na ADI 1662. 9. Reclamação que se julga procedente".

se admitir o cabimento de reclamação constitucional quando se alega violação à tese jurídica afirmada na decisão paradigma que não se aplique, com aderência estrita, ao ato reclamado.[40]

Apesar desse entendimento jurisprudencial mais recentemente consolidado, a superveniência do Código de Processo Civil de 2015 tem levado parte da doutrina a defender o retorno à adoção da teoria dos motivos determinantes. Isso porque o §4º do artigo 988 do CPC, ao fazer referência aos incisos III ("garantir a observância de enunciado de súmula vinculante e de decisão do Supremo Tribunal Federal em controle concentrado de constitucionalidade") e IV ("garantir a observância de acórdão proferido em julgamento de incidente de resolução de demandas repetitivas ou de incidente de assunção de competência") do *caput*, faz menção à não aplicação ou aplicação indevida da *tese jurídica* afirmada naqueles precedentes.[41]

2.2 Reclamação para garantia de aplicação de tese firmada em recurso extraordinário com repercussão geral reconhecida ou em recursos extraordinário ou especial repetitivos

De outro lado, o cabimento de reclamação por alegada violação à tese fixada em repercussão geral e em recursos extraordinários ou especiais repetitivos é hipótese cercada de maiores polêmicas.

---

[40] Nesse sentido, assim afirmam os seguintes julgados selecionados: "1. O Supremo Tribunal Federal, ao julgar a ADI 2.868, examinou a validade constitucional da Lei piauiense 5.250/02. Diploma legislativo que fixa, no âmbito da Fazenda estadual, o quantum da obrigação de pequeno valor. Por se tratar, no caso, de lei do Município de Indaiatuba/SP, o acolhimento do pedido da reclamação demandaria a atribuição de efeitos irradiantes aos motivos determinantes da decisão tomada no controle abstrato de normas. Tese rejeitada pela maioria do Tribunal" (Rcl nº 3.014, rel. min. Ayres Britto, Tribunal Pleno, julgamento em 10.03.2010, DJe de 21.05.2010); "I - É improcedente a reclamação que trate de situação que não guarda relação de estrita pertinência com o parâmetro de controle. II - A jurisprudência do Supremo Tribunal Federal se consolidou no sentido de ser incabível reclamação fundada na teoria da transcendência dos motivos determinantes de acórdão com efeito vinculante" (Rcl nº 8.168, redator para o acórdão min. Edson Fachin, Tribunal Pleno, julgamento em 19.11.2015, DJe de 29.02.1016).

[41] É o que afirma, por exemplo, Daniel Amorim Neves: "Aparentemente, visando legislar sobre a polêmica, o art. 988 do Novo CPC, em seu §4º, prevê que as hipóteses dos incisos III e IV compreendem a aplicação indevida da tese jurídica e sua não aplicação aos casos que a ela correspondam. Entendo que o Novo Código de Processo Civil adotou a teoria dos efeitos transcendentes dos motivos determinantes ao se referir a 'tese jurídica', e não a uma norma jurídica decidida concretamente pelo Supremo Tribunal Federal" (NEVES, Daniel Amorim Assumpção. *Ações constitucionais*: volume único. Salvador: Ed. JusPodivm, 2017. p. 256).

Ao tempo do CPC/1973, que não trazia tratamento normativo específico para a ação estudada, tinha-se o entendimento majoritário de que não cabia reclamação constitucional para questionar o acerto ou desacerto do tribunal de origem na aplicação da tese fixada em repercussão geral, ressalvada a situação em que se negava, à luz dessa tese fixada, a própria realização do juízo de retratação.[42] Ou seja: aceitava-se a reclamação quando o tribunal de origem rejeitava a aplicação da tese fixada (caso em que, de fato, transparece inobservância da autoridade de decisão do STF), mas não para avaliar a aplicação em si dessa tese ao caso sob exame.

Além da inexistência de previsão legal específica, a ideia subjacente era evitar a possibilidade de subversão de uma das razões de existência da sistemática da repercussão geral: impedir a reiteração de processos, perante o Supremo Tribunal Federal, de matérias já decididas pela corte, como medida de racionalidade, eficiência e isonomia no sistema processual. Com frequência, inclusive, via-se a utilização da reclamação constitucional como verdadeiro atalho processual para supressão de instâncias, tendo em vista que, por vezes, questionava-se por essa via direta a incorreção de sentença de primeiro grau na aplicação de tese jurídica fixada pelo STF. Nesses casos, sem que a reclamação sirva como mecanismo de encurtamento do iter processual ordinário, a eventual correção deveria ser postulada na via recursal própria.[43]

---

[42] Nesse sentido: "A reclamação não constitui instrumento processual adequado para questionar o acerto de decisão do Tribunal de origem que, tendo em vista a ausência de repercussão geral firmada no âmbito desta Suprema Corte e com suporte no art. 543-B, §2º, do CPC, considera inadmitido recurso extraordinário" (Rcl nº 14.278-AgR, rel. min. Rosa Weber, Primeira Turma, julgamento em 29.04.2014, DJe 15.05.2014). "Não se admite reclamação contra decisão que, nos tribunais de origem, aplica a sistemática da repercussão geral, ressalvada a hipótese de negativa de retratação" (Rcl nº 12.361 AgR, rel. min. Teori Zavascki, Tribunal Pleno, julgado em 27.02.2014, DJe 21.3.2014). "Não se admite o uso da reclamação constitucional como instrumento destinado a questionar a aplicação pelo tribunal de origem, em observância à sistemática introduzida pela EC nº 45/2004, do entendimento do STF acerca da repercussão geral de determinada matéria" (Rcl nº 15.042-ED, rel. min. Dias Toffoli, Tribunal Pleno, julgado em 27.02.2014, DJe 31.3.2014).

[43] Sobre o tema, é clássico o seguinte julgado do STF (as menções ao CPC referem-se ao diploma de 1973, vigente ao tempo do julgamento): "RECLAMAÇÃO. ALEGAÇÃO DE INOBSERVÂNCIA POR MAGISTRADO DE PRIMEIRA INSTÂNCIA DA DECISÃO PROFERIDA PELO PLENÁRIO DO SUPREMO TRIBUNAL FEDERAL NO JULGAMENTO DO MÉRITO DO RECURSO EXTRAORDINÁRIO 583.955-RG/RJ. INSTITUTO DA REPERCUSSÃO GERAL. COMPETÊNCIA DOS TRIBUNAIS DE ORIGEM PARA SOLUCIONAR CASOS CONCRETOS. CORREÇÃO DA EVENTUAL DESOBEDIÊNCIA À ORIENTAÇÃO ESTABELECIDA PELO STF PELA VIA RECURSAL PRÓPRIA, EM JULGADOS DE MÉRITO DE PROCESSOS COM REPERCUSSÃO GERAL RECONHECIDA. RECLAMAÇÃO NÃO CONHECIDA. 1. As decisões proferidas pelo Plenário do Supremo Tribunal Federal quando do julgamento de recursos extraordinários com repercussão geral vinculam os demais órgãos do Poder Judiciário na solução, por estes, de outros feitos sobre

Entretanto, sob a égide do CPC/2015, houve alterações significativas na questão. De início, é importante destacar que a redação original do inciso IV do artigo 988, além da súmula vinculante e do incidente de assunção de competência, fazia menção ao "precedente proferido em julgamento de casos repetitivos" (a abranger, portanto, o incidente de resolução de demandas repetitivas e os recursos especial e extraordinário repetitivos, na forma da norma explicativa constante do art. 928 do Código). A redação do dispositivo, porém, foi alterada pela Lei nº 13.256/2016, que passou a falar apenas em "incidente de resolução de demandas repetitivas", que não alcança os recursos extraordinário e especial. Não obstante, por essa mesma alteração legislativa, modificou-se por completo a redação do §5º desse mesmo artigo, que passou a dispor, ao que aqui interessa, ser inadmissível a reclamação "proposta para garantir a observância de acórdão de recurso extraordinário com repercussão geral reconhecida ou de acórdão proferido em julgamento de recursos extraordinário ou especial repetitivos, quando não esgotadas as instâncias ordinárias". Parte-se, portanto, de uma lógica negativa, isto é, de quando não é cabível a reclamação ("é inadmissível"), para

---

idêntica controvérsia. 2. Cabe aos juízes e desembargadores respeitar a autoridade da decisão do Supremo Tribunal Federal tomada em sede de repercussão geral, assegurando racionalidade e eficiência ao Sistema Judiciário e concretizando a certeza jurídica sobre o tema. 3. O legislador não atribuiu ao Supremo Tribunal Federal o ônus de fazer aplicar diretamente a cada caso concreto seu entendimento. 4. A Lei 11.418/2006 evita que o Supremo Tribunal Federal seja sobrecarregado por recursos extraordinários fundados em idêntica controvérsia, pois atribuiu aos demais Tribunais a obrigação de os sobrestarem e a possibilidade de realizarem juízo de retratação para adequarem seus acórdãos à orientação de mérito firmada por esta Corte. 5. Apenas na rara hipótese de que algum Tribunal mantenha posição contrária à do Supremo Tribunal Federal, é que caberá a este se pronunciar, em sede de recurso extraordinário, sobre o caso particular idêntico para a cassação ou reforma do acórdão, nos termos do art. 543-B, §4º, do Código de Processo Civil. 6. A competência é dos Tribunais de origem para a solução dos casos concretos, cabendo-lhes, no exercício deste mister, observar a orientação fixada em sede de repercussão geral. 7. A cassação ou revisão das decisões dos Juízes contrárias à orientação firmada em sede de repercussão geral há de ser feita pelo Tribunal a que estiverem vinculados, pela via recursal ordinária. 8. A atuação do Supremo Tribunal Federal, no ponto, deve ser subsidiária, só se manifesta quando o Tribunal a quo negasse observância ao *leading case* da repercussão geral, ensejando, então, a interposição e a subida de recurso extraordinário para cassação ou revisão do acórdão, conforme previsão legal específica constante do art. 543-B, §4º, do Código de Processo Civil. 9. Nada autoriza ou aconselha que se substituam as vias recursais ordinária e extraordinária pela reclamação. 10. A novidade processual que corresponde à repercussão geral e seus efeitos não deve desfavorecer as partes, nem permitir a perpetuação de decisão frontalmente contrária ao entendimento vinculante adotado pelo Supremo Tribunal Federal. Nesses casos o questionamento deve ser remetido ao Tribunal competente para a revisão das decisões do Juízo de primeiro grau a fim de que aquela Corte o aprecie como o recurso cabível, independentemente de considerações sobre sua tempestividade. 11. No caso presente tal medida não se mostra necessária. 12. Não-conhecimento da presente reclamação" (Rcl nº 10.793, rel. min. Ellen Gracie, Tribunal Pleno, julgamento em 13.04.2011, DJe de 06.06.2011).

ao final estabelecer condições que parecem indicar exceções ("quando não esgotadas as instâncias ordinárias").

À luz dessa nova realidade normativa, o código parece adotar a admissão do cabimento de reclamação para garantia de decisão proferida em sede de recurso extraordinário com repercussão geral ou recursos extraordinário e especial repetitivos, desde que se tenham anteriormente exaurido as instâncias ordinárias, isto é, sem que se promova a supressão de instância. Já há, inclusive, precedentes do STF que sinalizam a adoção dessa posição.[44]

Entretanto, pronunciando-se especificamente sobre o tema, a Corte Especial do Superior Tribunal de Justiça chegou a entendimento diverso, afirmando que "não cabe reclamação para o controle da aplicação de entendimento firmado pelo STJ em recurso especial repetitivo".[45] Segundo o entendimento majoritário, afirmou-se que, com a modificação legislativa promovida pela Lei nº 13.256/2016 no art. 988, IV, do CPC/2015, houve a supressão da previsão de cabimento de reclamação para garantir a observância de precedente proferido em julgamento de "casos repetitivos", restando apenas a menção a precedente oriundo de IRDR, como acima destacado. Dessa forma, segundo se entendeu, teria havido a supressão do cabimento da reclamação para a observância de acórdão proferido em recursos especial e extraordinário repetitivos.

Ainda quanto à previsão do §5º, II, do art. 988, a corte assentou que, sob um aspecto topológico, inexiste coerência e lógica em se afirmar que esse dispositivo veicula nova hipótese de cabimento da reclamação, previsão que seria restrita aos incisos do *caput* daquele

---

[44] Nesse sentido: "I – É inadmissível a reclamação proposta para garantir a observância de acórdão de recurso extraordinário com repercussão geral reconhecida ou de acórdão proferido em julgamento de recurso extraordinário, quando não esgotadas as instâncias ordinárias (art. 988, §5º, II, do CPC)" (Rcl nº 36.409-AgR, rel. min. Ricardo Lewandowski, Segunda Turma, julgamento em 11.10.2019, DJe de 17.10.2019). "1. O art. 988, §5º, inciso II, do Código de Processo Civil condiciona a admissibilidade da reclamação, nos casos em que se busca assegurar a observância de entendimento firmado em sede de repercussão geral, ao esgotamento das instâncias ordinárias. 2. A ausência de interposição de todos os recursos cabíveis demonstra a ausência de esgotamento das vias ordinárias, inviabilizando o manejo da reclamação." (Rcl nº 35.437-AgR, rel. min. Rosa Weber, Primeira Turma, julgamento em 20.09.2019, DJe de 01.10.2019). "Em se tratando de reclamação para o STF, a interpretação do art. 988, §5º, II, do CPC/2015 deve ser fundamentalmente teleológica, e não estritamente literal. O esgotamento da instância ordinária, em tais casos, significa o percurso de todo o íter recursal cabível antes do acesso à Suprema Corte. Ou seja, se a decisão reclamada ainda comportar reforma por via de recurso a algum tribunal, inclusive a tribunal superior, não se permitirá acesso à Suprema Corte por via de reclamação" (Rcl nº 24.686-ED-AgR, rel. min. Teori Zavascki, Segunda Turma, julgamento em 25.10.2016, DJe de 11.04.2017).

[45] Rcl nº 36.476-SP, rel. min. Nancy Andrighi, Corte Especial, julgado em 05.02.2020, DJe 06.03.2020.

artigo. Nesse sentido, a lei teria incorrido em erro ao suprimir uma hipótese de cabimento e, paradoxalmente, acrescentar novo pressuposto de admissibilidade (o esgotamento das instâncias ordinárias) à que se excluíra, já que o mencionado parágrafo se inicia por anunciar que trata de situações de inadmissibilidade da reclamação, não de seu cabimento.

De outro lado, invocou-se também o contexto jurídico-político subjacente à edição da Lei nº 13.256/2016, o que revelaria que a novidade normativa visou ao fim da reclamação dirigida ao STJ e ao STF para a garantia das decisões proferidas em acórdãos decorrentes de recursos repetitivos ou com repercussão geral, em cumprimento a uma opção de política judiciária destinada a otimizar os trabalhos em tais cortes. Dessa forma, argumentou-se que interpretação diversa atentaria contra a finalidade do sistema dos recursos repetitivos, isto é, a racionalização da prestação jurisdicional diante de massificação dos litígios.

Assim, a atuação do STJ, nessas situações, se encerraria no julgamento da questão repetitiva, fixando a interpretação a ser seguida pelas instâncias inferiores. Uniformizada essa interpretação, os juízes e tribunais de segunda instância é que devem atentar para a aplicação da tese jurídica fixada no julgamento repetitivo a cada caso concreto, sem que, pela via reclamatória, se possa levar a questão à nova apreciação do STJ, o que não prejudica a possibilidade de eventual revisão pela via recursal ordinária no âmbito do tribunal de origem (art. 1.030, §2º, do CPC) ou pela via da ação rescisória (art. 966, §5º, do CPC).

A decisão, porém, não foi unânime. A minoria vencida assentava a possibilidade de reclamação para verificação de aplicação de tese de recursos repetitivos, desde que esgotados os recursos ordinários na instância de origem, fazendo, inclusive, menção a julgados do Supremo Tribunal Federal relativamente à repercussão geral.[46] Segundo essa posição, que se entende a interpretação mais acertada das disposições normativas do CPC,[47] inexiste contradição nas previsões legislativas

---

[46] Nesse sentido, citaram-se exemplificativamente: "A parte final do artigo 988, §5º, inciso II, do Código de Processo Civil revela estar condicionada a admissibilidade da reclamação, visando a observância de acórdão alusivo a extraordinário submetido ao regime da repercussão geral, ao esgotamento prévio das instâncias ordinárias" (Rcl nº 30.556-AgR, rel. min. Marco Aurélio, Primeira Turma, julgamento em 25.06.2019, DJe de 06.08.2019). "Nos termos do art. 988, §5º, inciso II do CPC, o exaurimento das instâncias ordinárias é pressuposto para seu cabimento, quanto tem por fundamento a exigência de respeito a precedente julgado por esta Suprema Corte, em regime de repercussão geral" (Rcl nº 30.555-AgR, rel. min. Alexandre De Moraes, Primeira Turma, julgado em 25.06.2019, DJe de 06.08.2019).

[47] A propósito, destaca-se o Enunciado nº 138, aprovado na II Jornada de Direito Processual Civil: "É cabível reclamação contra acórdão que aplicou indevidamente tese jurídica firmada em acórdão proferido em julgamento de recursos extraordinário ou especial repetitivos,

pós-Lei nº 13.256/2016,[48] tratando-se de questão imprescindível à eficácia do sistema de precedentes que se quis fortalecer.

Diante da relevância da questão e das divergências que invoca, aguarda-se sua apreciação específica e definitiva pelo Supremo Tribunal Federal, ainda que já existam julgados, tais como aqui já destacados, que sinalizam o cabimento de reclamação nesses casos. Apesar de o pronunciamento da Corte Especial se limitar ao não cabimento de reclamação para o controle da aplicação de entendimento firmado pelo STJ em recurso especial repetitivo, a adoção dessa tese levaria também à impossibilidade de seu ajuizamento para casos de recursos extraordinários repetitivos ou com repercussão geral reconhecida. De fato, a partir de uma leitura reversa do art. 988, §5º, II, do CPC, a disposição normativa não parece deixar dúvidas: é cabível a reclamação proposta para garantir a observância de acórdão de recurso extraordinário com repercussão geral reconhecida ou de acórdão proferido em julgamento de recursos extraordinário ou especial repetitivos, desde que esgotadas as instâncias ordinárias, o que ocorre com a interposição de agravo interno junto ao tribunal de origem (na forma do art. 1.030, §2º, do CPC), sem prejuízo do posterior ajuizamento da ação rescisória (nos termos do art. 966, §5º, do CPC).

Adotada essa posição, passa a haver, portanto, uma diferença procedimental nas reclamações em que se alega a violação à autoridade de decisão no âmbito do Supremo Tribunal Federal, conforme a decisão paradigma tenha sido proferida (i) em sede de controle concentrado de constitucionalidade ou (ii) em recurso extraordinário repetitivo ou submetido à sistemática da repercussão geral. Para esse segundo caso,

---

após o esgotamento das instâncias ordinárias, por analogia ao quanto previsto no art. 988, §4º, do CPC".

[48] Nesse sentido, extrai-se do voto do min. Og Fernandes, primeiro a divergir do entendimento que restou majoritário, o seguinte excerto: "Longe de ter se criado um paradoxo, penso que houve, apenas, para o caso específico do art. 988, §5º, II, a exigência do prévio esgotamento das instâncias ordinárias, tal como consta na literalidade do dispositivo, de forma a evitar que toda decisão judicial, em qualquer grau de jurisdição, possa ser questionada direta e imediatamente por meio de reclamação, como ocorre com as demais hipóteses elencadas nos incisos que seguem o caput do art. 988 do CPC". Assim, votou para "assentar a viabilidade da reclamação como instrumento hábil para garantir a observância de acórdão proferido em julgamento de recursos especiais repetitivos, desde que esgotadas as instâncias ordinárias, nos termos do inciso II do §5º do art. 988 do Código de Processo Civil, tratando-se, pois, de mecanismo fundamental, pelo menos por ora, para o próprio sistema de precedentes estabelecido pelo legislador".

CAPÍTULO 3
HIPÓTESES DE CABIMENTO | 61

exige-se o prévio exaurimento das instâncias recursais ordinárias, o que não ocorre para as situações do primeiro caso.[49]

Um exemplo prático na jurisprudência do STF diz respeito à existência, ou não, de responsabilidade subsidiária da administração pública por inadimplemento de encargos trabalhistas em caso de terceirização, situação que gera elevado número de reclamações constitucionais ajuizadas perante a corte. Inicialmente, tinha-se como decisão paradigma o acórdão proferido na ADC nº 16,[50] o qual, entretanto, foi substituído pela superveniente tese fixada em sede de repercussão geral no RE nº 760.931[51] ("o inadimplemento dos encargos trabalhistas dos empregados do contratado não transfere automaticamente ao Poder Público contratante a responsabilidade pelo seu pagamento, seja em caráter solidário ou subsidiário, nos termos do art. 71, §1º, da Lei nº 8.666/93"). Para esses casos, portanto, passou-se a exigir, para o ajuizamento da reclamação perante o STF, o prévio esgotamento das instâncias ordinárias, já que agora o parâmetro de controle da violação ou não a decisão da corte consubstancia-se em entendimento exarado em sede de repercussão geral.[52]

---

[49] Em doutrina, Daniel Amorim Neves bem sintetiza a questão: "Dessa forma, se um acórdão desrespeitar o precedente criado em julgamento de recurso especial e extraordinário repetitivo, e em julgamento de recurso extraordinário com repercussão geral, ainda que não repetitivo, caberá reclamação constitucional para o tribunal de superposição. Mas no caso de sentença proferida em tais moldes, caberá apelação. O mesmo se diga no caso de decisão monocrática proferida em segundo grau, que sendo recorrível por agravo interno (art. 1.021, caput, do Novo CPC), não poderá ser objeto de reclamação constitucional" (NEVES, Daniel Amorim Assumpção. *Ações constitucionais*: volume único. Salvador: Ed. JusPodivm, 2017. p. 260).

[50] ADC nº 16, rel. min. Cezar Peluso, Tribunal Pleno, julgamento em 24.11.2010, DJe de 09.09.2011.

[51] RE nº 760.931, redator para o acórdão min. Luiz Fux, Tribunal Pleno, julgamento em 26.04.2017, DJe de 12.09.2017.

[52] Nesse sentido, veja os seguintes excertos selecionados do voto proferido pelo min. Roberto Barro no julgamento da Rcl nº 27.789: "6. Assim, a superveniência do julgamento do RE 760.931 implica dizer que a tese firmada na ADC 16, no que toca à sua eficácia vinculante, foi plenamente substituída pela tese do tema 246 da repercussão geral, de modo que, a partir 02.05.2017 (data da publicação da ata do julgamento que fixou a nova tese) é inviável reclamação com fundamento em alegação de afronta ao julgado da ADC 16. É dizer: eventual má aplicação da nova tese acerca da responsabilidade subsidiária da Administração Pública pelos débitos trabalhistas de contratado deve ser impugnada, inicialmente, por meio de recursos. 7. Nessa linha, a inobservância da tese firmada em repercussão geral somente enseja o ajuizamento da reclamação, quando 'esgotadas as instâncias ordinárias' (art. 988, §5º, II, do CPC/2015). O que, conforme vem sendo interpretado por esta Corte, exige o correto percurso de todo o iter processual, ultimado na interposição de agravo interno contra a decisão que nega seguimento ao recurso extraordinário, nos termos do art. 1.030, I e §2º, do CPC/2015. [...] 8. Reitero que, entender-se em sentido contrário seria permitir o acesso direto ao Supremo Tribunal Federal, por alegação, ainda que transversa, de afronta a tese firmada em repercussão geral, sem o cumprimento do pressuposto legal" (Rcl nº

2.3 Revisão do entendimento paradigma

Outro ponto de destaque é a possibilidade de, na análise cotejada entre o ato reclamado e a decisão tida por violada, revisitar o entendimento afirmado nesse paradigma. Nesse sentido, sobretudo a partir de manifestações doutrinárias e votos do ministro Gilmar Mendes, notabilizou-se a expressão "balançar de olhos", atribuída a Karl Engisch. A ideia é que o cotejo entre o objeto da reclamação e seu parâmetro sirva também como mecanismo de revisão e atualização do entendimento jurisprudencial do Supremo, permitindo sua evolução interpretativa. Veja, nesse sentido, o que o min. Gilmar Mendes já afirmou em sede doutrinária:

> O "balançar de olhos" (expressão cunhada por Karl Engisch) entre a norma e o fato, que permeia o processo hermenêutico em torno do direito, fornece uma boa metáfora para a compreensão do raciocínio desenvolvido no julgamento de uma reclamação. Assim como no processo hermenêutico o juízo de comparação e subsunção entre norma e fato leva, invariavelmente, à constante reinterpretação da norma, na reclamação o juízo de confronto e de entre objeto (ato impugnado) e parâmetro (decisão do STF tida por violada) implica a redefinição do conteúdo e do alcance do parâmetro.
>
> É por meio da reclamação, portanto, que as decisões do Supremo Tribunal Federal permanecem abertas a esse constante processo hermenêutico de reinterpretação levado a cabo pelo próprio Tribunal. A reclamação, dessa forma, constitui o *locus* de apreciação, pela Corte Suprema, dos processos de mutação constitucional e de inconstitucionalização de normas (*des Prozess des Verfassungswidrigwerdens*), que muitas vezes podem levar à redefinição do conteúdo e do alcance, e até mesmo à superação, total ou parcial, de uma antiga decisão.
>
> [...]
>
> A oportunidade de reapreciação das decisões tomadas em sede de controle abstrato de normas tende a surgir com mais naturalidade e de forma mais recorrente no âmbito das reclamações. É no juízo hermenêutico típico da reclamação – no "balançar de olhos" entre objeto e parâmetro da reclamação – que surgirá com maior nitidez a oportunidade para a evolução interpretativa no controle de constitucionalidade.
>
> Assim, ajuizada a reclamação com base na alegação de afronta a determinada decisão do STF, o Tribunal poderá reapreciar e redefinir o

---

27.789-AgR, rel. min. Roberto Barroso, Primeira Turma, julgamento em 17.10.2017, DJe de 23.11.2017). Note-se que, também aqui, parece-se admitir sem dificuldades o cabimento de reclamação para garantia de observância do que decidido em sede de repercussão geral pela corte, desde que esgotadas as instâncias ordinárias na origem.

conteúdo e o alcance de sua própria decisão. E, inclusive, poderá ir além, superando total ou parcialmente a decisão-parâmetro da reclamação, se entender que, em virtude de evolução hermenêutica, tal decisão não se coaduna mais com a interpretação atual da Constituição.[53]

Sob essa perspectiva, assim, a reclamação se transforma em um mecanismo de atualização e controle da jurisprudência e dos precedentes dos tribunais. Há, inclusive, exemplo de caso concreto em que essa possibilidade foi invocada e utilizada.

Com efeito, no julgamento da Reclamação nº 4.374, o Plenário do Supremo Tribunal Federal revisitou o que antes decidido na Ação Direta de Inconstitucionalidade nº 1.232. Nesta, apreciada em 27.08.1998, a corte havia julgado improcedente o pedido formulado pelo procurador-geral da República para que se declarasse a inconstitucionalidade do §3º do artigo 20 da Lei nº 8.742/1993[54] (a Lei de Organização da Assistência Social – LOAS), que, para fins de percepção do benefício de prestação continuada, considerava incapaz de prover a manutenção da pessoa com deficiência ou idosa à família cuja renda mensal *per capita* fosse inferior a 1/4 (um quarto) do salário mínimo. Anos depois, em 18.04.2013, o tribunal se deparou com reclamação em que o Instituto Nacional do Seguro Social (INSS) impugnava decisão proferida pela Turma Recursal dos Juizados Especiais Federais do Estado de Pernambuco que concedia ao interessado o benefício assistencial referido, adotando como um dos fundamentos de decidir o fato de que "a comprovação de renda *per capita* inferior a 1/4 do salário mínimo é dispensável quando a situação de hipossuficiência econômica é comprovada de outro modo".[55] Dessa forma, alegava a parte reclamante que a decisão reclamada teria afastado

---

[53] MENDES, Gilmar Ferreira. O uso da reclamação para atualizar jurisprudência firmada em controle abstrato. *Observatório da Jurisdição Constitucional*, ano 6, v. 1, p. 110-120, maio 2013, p. 113-116.

[54] O dispositivo teve sua redação modificada pela Lei nº 13.981/2020, que passou a adotar o critério de 1/2 (meio) salário mínimo. A lei foi impugnada junto ao Supremo Tribunal Federal na ADPF nº 662, em sede da qual o relator ministro Gilmar Mendes deferiu a medida cautelar para suspender a eficácia suspender a eficácia do art. 20, §3º, da Lei nº 8.742, na redação dada pela nova lei, sob o fundamento principal de que não haveria fonte de custeio correspondente (art. 195, §5º, da Constituição de 1988). O dispositivo foi objeto de modificação também pela lei de número seguinte (13.982/2020), de modo que a definição jurídica da questão segue aberta. Entretanto, essa situação não prejudica a compreensão do quanto aqui afirmado relativamente à possibilidade de, em reclamação, revisitar o entendimento inicialmente afirmado no precedente paradigma.

[55] Trata-se de trecho do ato reclamado (decisão proferida pela Turma Recursal dos Juizados Especiais Federais do Estado de Pernambuco, nos autos do Processo nº 2005.83.20.009801-7), citado pelo ministro Gilmar Mendes no relatório da reclamação mencionada.

o requisito legal expresso no mencionado dispositivo, providência que representaria inobservância ao critério objetivo validado pelo acórdão invocado como paradigma como requisito para a prestação assistencial do Estado.

Na ocasião, sem negar o que anteriormente decidido pela corte na mencionada ADI, a reclamação acabou por ser julgada improcedente, empreendendo-se, ainda, à declaração de inconstitucionalidade parcial, sem pronúncia de nulidade, daquele mesmo dispositivo (art. 20, §3º, da Lei nº 8.742/1993). Isso porque, segundo se entendeu, o critério objetivo e único estipulado pela lei seria insuficiente para avaliar o real estado de miserabilidade social das famílias com entes idosos ou deficientes, de modo que teria havido um processo de inconstitucionalização gradual e sucessiva do dispositivo, em razão das mudanças fáticas e jurídicas ali identificadas.

Entretanto, essa conclusão só foi possível porque prefacialmente se reconheceu que o STF tem na reclamação uma oportunidade de reapreciação das decisões anteriormente tomadas e que são invocadas como paradigma de controle de sua observância, permitindo uma evolução em sua tarefa interpretativa das normas frente ao Texto Constitucional. Dessa forma, é possível, na reclamação, que o tribunal reaprecie e revisite o conteúdo e o alcance de sua própria decisão paradigma, mantendo-a, revisando-a ou superando-a total ou parcialmente em virtude de circunstâncias fáticas, jurídicas e hermenêuticas supervenientes.[56]

---

[56] Por sua importância, cita-se a ementa do julgado, que bem sintetiza a questão: "Benefício assistencial de prestação continuada ao idoso e ao deficiente. Art. 203, V, da Constituição. A Lei de Organização da Assistência Social (LOAS), ao regulamentar o art. 203, V, da Constituição da República, estabeleceu critérios para que o benefício mensal de um salário mínimo fosse concedido aos portadores de deficiência e aos idosos que comprovassem não possuir meios de prover a própria manutenção ou de tê-la provida por sua família. 2. Art. 20, §3º da Lei 8.742/1993 e a declaração de constitucionalidade da norma pelo Supremo Tribunal Federal na ADI 1.232. Dispõe o art. 20, §3º, da Lei 8.742/93 que 'considera-se incapaz de prover a manutenção da pessoa portadora de deficiência ou idosa a família cuja renda mensal per capita seja inferior a 1/4 (um quarto) do salário mínimo'. O requisito financeiro estabelecido pela lei teve sua constitucionalidade contestada, ao fundamento de que permitiria que situações de patente miserabilidade social fossem consideradas fora do alcance do benefício assistencial previsto constitucionalmente. Ao apreciar a Ação Direta de Inconstitucionalidade 1.232-1/DF, o Supremo Tribunal Federal declarou a constitucionalidade do art. 20, §3º, da LOAS. 3. Reclamação como instrumento de (re)interpretação da decisão proferida em controle de constitucionalidade abstrato. Preliminarmente, arguido o prejuízo da reclamação, em virtude do prévio julgamento dos recursos extraordinários 580.963 e 567.985, o Tribunal, por maioria de votos, conheceu da reclamação. O STF, no exercício da competência geral de fiscalizar a compatibilidade formal e material de qualquer ato normativo com a Constituição, pode declarar a inconstitucionalidade, incidentalmente, de normas tidas como fundamento da decisão ou do ato que é impugnado na reclamação. Isso decorre da própria competência atribuída ao STF para exercer o denominado

CAPÍTULO 3
HIPÓTESES DE CABIMENTO | 65

Dessa forma, na estruturação de um sistema de precedentes, a reclamação assume outra relevante característica. Trata-se de importante mecanismo que possibilita a revisão e atualização do entendimento jurisprudencial, permitindo sua evolução interpretativa e sua aeração ao longo do tempo, à luz das supervenientes modificações fáticas, sociais, econômicas, jurídicas e políticas que tenham ocorrido desde a prolação da decisão cuja observância se requer garantir.

2.4 Reclamação contra decisão de turmas recursais dos juizados especiais comuns

Por fim, um tema que diz respeito à realidade do Superior Tribunal de Justiça. Na estruturação do sistema dos juizados especiais (com fundamento constitucional no artigo 98, I, da CRFB/88), orientado por critérios como maiores simplicidade, informalidade e celeridade, não se previu a possibilidade de interposição de recurso especial, dirigido ao Superior Tribunal de Justiça, contra acórdãos proferidos

---

controle difuso da constitucionalidade das leis e dos atos normativos. A oportunidade de reapreciação das decisões tomadas em sede de controle abstrato de normas tende a surgir com mais naturalidade e de forma mais recorrente no âmbito das reclamações. É no juízo hermenêutico típico da reclamação – no 'balançar de olhos' entre objeto e parâmetro da reclamação – que surgirá com maior nitidez a oportunidade para evolução interpretativa no controle de constitucionalidade. Com base na alegação de afronta a determinada decisão do STF, o Tribunal poderá reapreciar e redefinir o conteúdo e o alcance de sua própria decisão. E, inclusive, poderá ir além, superando total ou parcialmente a decisão-parâmetro da reclamação, se entender que, em virtude de evolução hermenêutica, tal decisão não se coaduna mais com a interpretação atual da Constituição. 4. Decisões judiciais contrárias aos critérios objetivos preestabelecidos e Processo de inconstitucionalização dos critérios definidos pela Lei 8.742/1993. A decisão do Supremo Tribunal Federal, entretanto, não pôs termo à controvérsia quanto à aplicação em concreto do critério da renda familiar per capita estabelecido pela LOAS. Como a lei permaneceu inalterada, elaboraram-se maneiras de contornar o critério objetivo e único estipulado pela LOAS e avaliar o real estado de miserabilidade social das famílias com entes idosos ou deficientes. Paralelamente, foram editadas leis que estabeleceram critérios mais elásticos para concessão de outros benefícios assistenciais, tais como: a Lei 10.836/2004, que criou o Bolsa Família; a Lei 10.689/2003, que instituiu o Programa Nacional de Acesso à Alimentação; a Lei 10.219/01, que criou o Bolsa Escola; a Lei 9.533/97, que autoriza o Poder Executivo a conceder apoio financeiro a municípios que instituírem programas de garantia de renda mínima associados a ações socioeducativas. O Supremo Tribunal Federal, em decisões monocráticas, passou a rever anteriores posicionamentos acerca da intransponibilidade dos critérios objetivos. Verificou-se a ocorrência do processo de inconstitucionalização decorrente de notórias mudanças fáticas (políticas, econômicas e sociais) e jurídicas (sucessivas modificações legislativas dos patamares econômicos utilizados como critérios de concessão de outros benefícios assistenciais por parte do Estado brasileiro). 5. Declaração de inconstitucionalidade parcial, sem pronúncia de nulidade, do art. 20, §3º, da Lei 8.742/1993. 6. Reclamação constitucional julgada improcedente" (Rcl nº 4.374, rel. min. Gilmar Mendes, Tribunal Pleno, julgamento em 18.04.2013, DJe de 04.09.2013).

pelas turmas recursais. Isso porque o artigo 105, III, da CRFB/88, ao dispor sobre as hipóteses de cabimento desse recurso, exige se tratar de causa decidida, em única ou última instância, por *tribunais* (os regionais federais ou dos estados, do Distrito Federal e territórios), não obstante seja possível a interposição de recurso extraordinário (eis que não há limitação semelhante no artigo 102, III, da CRFB/88).

Essa peculiaridade do microssistema dos juizados especiais – composto pelos juizados especiais estaduais (Lei nº 9.099/1995), pelos juizados especiais da Fazenda Pública estadual e municipal (Lei nº 12.153/2009) e pelos juizados especiais federais (Lei nº 10.259/2001) – traz algumas dificuldades quanto à uniformização e ao controle da aplicação da legislação federal infraconstitucional, sobretudo no que diz respeito aos juizados especiais estaduais. Isso porque a Lei nº 9.099/1995 não prevê a possibilidade de pedido de uniformização de interpretação de lei quando haja divergência na sua aplicação (ao contrário do que dispõem os artigos 18 e 19 da Lei nº 12.153/2009 e o artigo 14 da Lei nº 10.259/2001), a evidenciar a possibilidade de que a última palavra sobre o tema seja dada pela turma recursal estadual.

A partir dessa situação, passou-se a vislumbrar na reclamação uma saída para o problema. Com efeito, a partir de decisão do Supremo Tribunal Federal,[57] em entendimento posteriormente encampado pelo Superior Tribunal de Justiça, passou-se a admitir o ajuizamento de

---

[57] A decisão a que se refere foi proferida no seguinte caso: "EMBARGOS DE DECLARAÇÃO. RECURSO EXTRAORDINÁRIO. AUSÊNCIA DE OMISSÃO NO ACÓRDÃO EMBARGADO. JURISPRUDÊNCIA DO SUPERIOR TRIBUNAL DE JUSTIÇA. APLICAÇÃO ÀS CONTROVÉRSIAS SUBMETIDAS AOS JUIZADOS ESPECIAIS ESTADUAIS. RECLAMAÇÃO PARA O SUPERIOR TRIBUNAL DE JUSTIÇA. CABIMENTO EXCEPCIONAL ENQUANTO NÃO CRIADO, POR LEI FEDERAL, O ÓRGÃO UNIFORMIZADOR. [...] 2. Quanto ao pedido de aplicação da jurisprudência do Superior Tribunal de Justiça, observe-se que aquela egrégia Corte foi incumbida pela Carta Magna da missão de uniformizar a interpretação da legislação infraconstitucional, embora seja inadmissível a interposição de recurso especial contra as decisões proferidas pelas turmas recursais dos juizados especiais. 3. No âmbito federal, a Lei 10.259/2001 criou a Turma de Uniformização da Jurisprudência, que pode ser acionada quando a decisão da turma recursal contrariar a jurisprudência do STJ. É possível, ainda, a provocação dessa Corte Superior após o julgamento da matéria pela citada Turma de Uniformização. 4. Inexistência de órgão uniformizador no âmbito dos juizados estaduais, circunstância que inviabiliza a aplicação da jurisprudência do STJ. Risco de manutenção de decisões divergentes quanto à interpretação da legislação federal, gerando insegurança jurídica e uma prestação jurisdicional incompleta, em decorrência da inexistência de outro meio eficaz para resolvê-la. 5. Embargos declaratórios acolhidos apenas para declarar o cabimento, em caráter excepcional, da reclamação prevista no art. 105, I, f, da Constituição Federal, para fazer prevalecer, até a criação da turma de uniformização dos juizados especiais estaduais, a jurisprudência do Superior Tribunal de Justiça na interpretação da legislação infraconstitucional" (RE nº 571.572-ED, rel. min. Ellen Gracie, Tribunal Pleno, julgamento em 26.08.2009, DJe de 27.11.2009).

reclamação, perante o STJ – como órgão constitucionalmente incumbido de uniformizar a interpretação da legislação infraconstitucional –, contra acórdão proferido por turma recursal estadual para garantia da autoridade de suas decisões até que eventualmente se criasse uma turma de uniformização dos juizados especiais estaduais.

A partir desse entendimento, o Superior Tribunal de Justiça editou a Resolução nº 12, de 14 de dezembro de 2009, regulamentando o processamento das reclamações destinadas a dirimir divergência entre acórdão prolatado por turma recursal estadual e a jurisprudência daquela corte. Seu artigo 1º dispunha que "as reclamações destinadas a dirimir divergência entre acórdão prolatado por turma recursal estadual e a jurisprudência do Superior Tribunal de Justiça, suas súmulas ou orientações decorrentes do julgamento de recursos especiais processados na forma do art. 543-C do Código de Processo Civil serão oferecidas no prazo de quinze dias, contados da ciência, pela parte, da decisão impugnada, independentemente de preparo" (a referência é ao CPC/1973).

Não obstante, com a superveniência do Código de Processo Civil de 2015 e as adaptações que o STJ promoveu em seu regimento interno, essa resolução foi revogada em 16.03.2016. Posteriormente, editou-se a Resolução nº 3, de 7 de abril de 2016, de disposições bastante controversas, cujo artigo 1º passou a dispor que seria dos tribunais de justiça "a competência para processar e julgar as Reclamações destinadas a dirimir divergência entre acórdão prolatado por Turma Recursal Estadual e do Distrito Federal e a jurisprudência do Superior Tribunal de Justiça, consolidada em incidente de assunção de competência e de resolução de demandas repetitivas, em julgamento de recurso especial repetitivo e em enunciados das Súmulas do STJ, bem como para garantir a observância de precedentes".

O principal ponto de controvérsia é que a resolução contrariaria as normas constitucionais e do CPC, que atribuem a competência para o controle da aplicação do precedente ao próprio tribunal que o prolatou (no caso, o STJ). Essa discussão ainda gera insegurança na definição do tema, não obstante seja possível encontrar, no próprio âmbito do Superior Tribunal de Justiça, decisões que consagram entendimento bastante razoável sobre a questão, a assentar o cabimento da reclamação dirigida ao STJ quando a decisão da turma recursal estadual (ou do Distrito Federal) contrariar entendimento afirmado por aquela corte em julgamento de recurso especial repetitivo,[58] ainda que não caiba propriamente para a resolução de eventual divergência de entendimentos entre turmas recursais diversas.

3 Garantia de observância de súmula vinculante

Outra hipótese de cabimento da reclamação é a garantia de observância do que estabelecido pelo Supremo Tribunal Federal em súmula vinculante. Os enunciados de súmula vinculante consubstanciaram uma das inovações introduzidas no direito brasileiro pela Emenda Constitucional nº 45/2004. Com efeito, introduziu-se o artigo 103-A

---

[58] Nesse sentido: "AGRAVO REGIMENTAL NO PEDIDO DE UNIFORMIZAÇÃO DE LEI FEDERAL. CONDENAÇÃO POR LESÃO CORPORAL LEVE (129, CAPUT, CP) E AMEAÇA (ART. 147, CP). DIVERGÊNCIA DE ENTENDIMENTO ENTRE TURMAS RECURSAIS. INEXISTÊNCIA DE COMPETÊNCIA DO STJ PARA DIRIMIR TAIS DIVERGÊNCIAS POR AUSÊNCIA DE PREVISÃO LEGAL. COMPETÊNCIA PREVISTA NO ART. 18 DA LEI 12.153/2009 LIMITADA A DECISÕES DE JUIZADOS ESPECIAIS DA FAZENDA PÚBLICA. 1. Conforme assentado pela Primeira Seção do STJ, no julgamento do RCD na Rcl 14.730/SP (Rel. Ministro MAURO CAMPBELL MARQUES, DJe de 24/02/2015), o sistema para processo e julgamento de causas em juizados especiais é composto por três microssistemas: a) Juizados Especiais Estaduais Comuns, instituídos pela Lei 9.099/1995; b) Juizados Especiais Federais, instituídos pela Lei 10.259/2001 e c) Juizados Especiais da Fazenda Pública Estadual e Municipal, instituídos pela Lei 12.153/2009, cada um deles submetido a regras processuais e procedimentais específicas, no que toca a recursos e ao mecanismo de uniformização de jurisprudência. 2. Apenas as leis que dispõem sobre Juizado Especial Federal (Lei 10.259/2001) e sobre Juizados Especiais da Fazenda Pública (Lei 12.153/2009) trouxeram em seus textos a possibilidade de se efetuar Pedido de Uniformização de Interpretação de Lei Federal perante o STJ nos artigos 14, §4º, da Lei 10.259/2001 e 18, §3º, e 19, caput, da Lei 12.153/2009. 3. O Pedido de Uniformização de Lei Federal proposto perante o Superior Tribunal de Justiça somente existe, portanto, no âmbito do microssistema dos Juizados Especiais Federais e no dos Juizados Especiais da Fazenda Pública e apenas em duas hipóteses: (1) Interpretação de lei federal dissonante entre Turmas Recursais de diferentes Estados; e (2) Decisão de Turma de Uniformização que contrariar súmula do STJ. 4. Para suprir a lacuna da uniformização da interpretação da lei federal no âmbito dos Juizados especiais comuns, o Superior Tribunal de Justiça editou resolução, admitindo o manejo da Reclamação. Quando ainda vigorava o CPC de 1.973, a Resolução STJ 12/2009 admitia que fosse dirigida Reclamação a esta Corte quando decisão de Turma Recursal estadual ou do Distrito Federal a) afrontasse jurisprudência do STJ pacificada em recurso repetitivo; b) violasse súmula do STJ; ou c) fosse teratológica. 5. No entanto, após o advento do CPC/2015, a Resolução n. 12/2009 foi revogada e substituída pela Resolução n. 03/2016 que, em seu art. 1º, restringiu o cabimento da Reclamação dirigida a esta Corte à hipótese de decisão de Turma Recursal Estadual (ou do DF) que contrariar jurisprudência do STJ consolidada em a) incidente de assunção de competência; b) incidente de resolução de demandas repetitivas (IRDR); c) julgamento de recurso especial repetitivo; d) enunciados das Súmulas do STJ; e) precedentes do STJ. 6. Assim sendo, a hipótese de divergência de entendimento jurisprudencial entre Turmas Recursais de Juizados especiais criminais comuns de diferentes Estados não desafia o manejo de Pedido de Uniformização de Lei Federal perante o STJ. 7. Remanescem, entretanto, duas vias abertas ao jurisdicionado para discussão da matéria decidida em sede de Turmas Recursais de Juizados Especiais Comuns:

à CRFB/88, que assegura a possibilidade de que o STF, por decisão de dois terços de seus membros, aprove súmula que terá eficácia vinculante internamente ao Poder Judiciário, bem como em relação à administração pública.

Dessa forma, como principal elemento diferenciador do que então se tinha em relação às demais súmulas ordinárias,[59] a súmula vinculante passaria a ser de observância obrigatória por todo o Poder Judiciário e também pelo Poder Executivo, alcançando a administração pública direta e indireta em todas as suas esferas (federal, estadual, distrital e municipal), mas não o Poder Legislativo. Para tanto, foram estabelecidos alguns requisitos específicos para a aprovação de um enunciado de súmula vinculante: presença de matéria constitucional sobre a qual haja controvérsia atual (seja entre órgãos judiciários, seja entre esses e a administração pública); existência de entendimento pacífico sobre o tema (necessidade de reiteradas decisões); risco de grave insegurança jurídica e relevante multiplicação de processos sobre questão idêntica; aprovação por dois terços dos ministros do STF (ou seja, mínimo de oito votos); com a possibilidade de revisão ou cancelamento, na forma da lei. O objetivo principal, portanto, é assegurar maior segurança jurídica e evitar multiplicidade de processos sobre uma mesma questão constitucional.

A partir de seu efeito vinculante para o Poder Judiciário e para a administração pública, a própria modificação constitucional já previu, também, o cabimento de reclamação perante o Supremo Tribunal Federal para impugnar o ato administrativo ou a decisão judicial que contrarie a súmula aplicável ou que indevidamente a aplique. Tem-se aqui, portanto, mais uma hipótese de cabimento da reclamação constitucional (§3º do art. 103-A da CRFB/88).

No âmbito infraconstitucional, essa hipótese de cabimento foi regulamentada pela Lei nº 11.417/2006, que disciplinou a edição, a revisão e o cancelamento de enunciado de súmula vinculante pelo

---

a Reclamação fundada na Resolução n. 03/2016 que demonstre que a decisão da Turma recursal contraria a jurisprudência do STJ consolidada em julgamento de recurso especial repetitivo ou em precedentes do STJ; e o habeas corpus dirigido ao Tribunal de Justiça respectivo. 8. Agravo regimental a que se nega provimento" (AgRg nos EDc no PUIL nº 694, rel. min. Reynaldo Soares da Fonseca, Terceira Seção, julgamento em 14.03.2018, DJe de 02.04.2018).

[59] Observe que, sob a égide do CPC/2015, também as súmulas ordinárias (do Supremo Tribunal Federal, em matéria constitucional; do Superior Tribunal de Justiça, em matéria infraconstitucional; e do Tribunal de Justiça, em matéria de direito local) foram alçadas a precedentes de observância obrigatória, na linha do que dispõe o artigo 927 da Lei nº 13.105/2015.

Supremo Tribunal Federal. Especificamente quanto à reclamação, interessa-nos seu artigo 7º, que estabelece a possibilidade de manejo da reclamação em face "da decisão judicial ou do ato administrativo que contrariar enunciado de súmula vinculante, negar-lhe vigência ou aplicá-lo indevidamente [...], sem prejuízo dos recursos ou outros meios admissíveis de impugnação". No Código de Processo Civil, a previsão se encontra no inciso III do artigo 987.

Dessa forma, note que, sob essa hipótese, é cabível a reclamação tanto contra decisão judicial quanto em face de ato administrativo violador de súmula vinculante. Em relação ao ato administrativo, entretanto, há requisito adicional: é preciso que primeiro se esgotem as vias administrativas próprias para que, só então, seja possível a judicialização da questão por meio da reclamação.

Nesse sentido, "não cumpre os pressupostos processuais reclamação que impugna ato administrativo futuro ou em relação ao qual não foram esgotadas as vias administrativas de impugnação, em caso de alegação de descumprimento de Súmula Vinculante (art. 7º, §1º, da Lei 11.417/2006)".[60] A necessidade de cumprimento desse requisito não implica violação à inafastabilidade da jurisdição (artigo 5º, XXXV, da CRFB/88), já que não se está a fechar as portas do Judiciário para a discussão da matéria, mas tão somente apor requisito adicional para que se possa se valer da via processual própria, específica, direta e célere da reclamação constitucional.

De outro lado, quando se queira impugnar decisão judicial, o manejo da reclamação não inviabiliza a interposição dos recursos cabíveis na via processual própria, tampouco de outros meios possíveis de impugnação. Trata-se de uma alternativa que não exclui as outras, tal qual expressamente dispõe o Texto Legislativo. Assim, inexiste no requisito qualquer negativa de tutela jurisdicional ou de acesso à justiça.

Considerando a possibilidade de manejo da reclamação também contra ato administrativo, a Lei nº 11.417/2006 trouxe adaptações à Lei nº 9.784/1999, que cuida do procedimento administrativo no âmbito federal. Dessa forma, se, no âmbito de um recurso administrativo, o recorrente alegar que a decisão impugnada contraria enunciado de súmula vinculante, a autoridade prolatora desse ato, se não o reconsiderar, deverá explicitar as razões pelas quais sustenta a (in)aplicabilidade da súmula, antes de encaminhar o recurso à autoridade superior para

---

[60] Rcl nº 26.016-AgR, rel. min. Roberto Barroso, Primeira Turma julgamento em 17.03.2017, DJe de 29.03.2017.

julgamento (artigo 56, §3º, da Lei nº 9.784/1999), que deverá também se manifestar a respeito (artigo 64-A dessa mesma lei). Em reforço, caso o ato administrativo seja questionado perante o STF, por alegada violação a enunciado de súmula vinculante, e o pedido seja ali julgado procedente, a corte notificará a autoridade administrativa competente a fim de que adeque suas futuras decisões em casos semelhantes ao entendimento do tribunal, sob pena de responsabilização pessoal nas esferas cível, administrativa e penal (artigo 64-B da Lei nº 9.784/1999).

Considerando que as súmulas vinculantes possuem eficácia imediata (artigo 4º da Lei nº 11.417/2006), "inexiste ofensa à autoridade de Súmula Vinculante quando o ato de que se reclama é anterior à decisão emanada da Corte Suprema".[61] Também mais recentemente se reiterou esse entendimento, afirmando-se que "não se admite a reclamação se o ato impugnado é anterior à publicação da súmula vinculante indicada como paradigma".[62]

Ainda que consideradas as modificações implementadas pelo artigo 927 do Código de Processo Civil, o alegado descumprimento à súmula ordinária do Supremo Tribunal Federal não permite o ajuizamento de reclamação constitucional. Nessa perspectiva, já se afirmou que "as hipóteses constitucionais de cabimento da reclamação não compreendem o exame de aparente afronta a texto de resolução administrativa do STF ou de súmula destituída de eficácia vinculante"[63] e que, portanto, "não cabe reclamação fundamentada na afronta de súmulas sem efeito vinculante do Supremo Tribunal Federal".[64]

Ainda, a mera demora na cognição ou julgamento de recurso em que se invoque entendimento firmado em determinada súmula vinculante não representa ofensa à sua aplicação. Nesse sentido, já houve julgado em que se afirmou que "não cabe reclamação contra demora na cognição de recurso que invoque ofensa a súmula vinculante".[65]

Em todo caso, o juízo de procedência do pedido formulado em reclamação na qual se alega violação a enunciado de súmula vinculante resultará na anulação do ato administrativo ou cassação da decisão

---

[61] Rcl nº 6.449-AgR, rel. min. Eros Grau, julgamento em 25.11.2009, DJe de 11.12.2009.

[62] Rcl nº 29.255-AgR, rel. Min. Roberto Barroso, Primeira Turma, julgamento em 29.06.2018, DJe de 06.08.2018.

[63] Rcl nº 9.344-AgR, rel. min. Dias Toffoli, Tribunal Pleno, julgamento em 02.06.2010, DJe de 22.10.2010.

[64] Rcl nº 6.483-AgR, rel. min. Cármen Lúcia, Tribunal Pleno, julgamento em 17.09.2009, DJe de 06.11.2009.

[65] Rcl nº 6.638-AgR, rel. Min. Cezar Peluso, Segunda Turma, julgamento em 18.11.2008, DJe de 05.12.2008.

judicial reclamada. Não irá, porém, o Supremo Tribunal Federal substituir a autoridade reclamada e emanar novo ato ou decisão, mas determinará que outro seja proferido com ou sem a aplicação da súmula, conforme o caso (artigo 103-A, §3º, da CRFB/88 e artigo 7º, §2º, da Lei nº 11.417/2006).

4 Garantia de acórdão proferido IRDR ou IAC

Por fim, como última hipótese de cabimento da reclamação constitucional, o inciso IV do artigo 988 do Código de Processo Civil dispõe, na redação atribuída pela Lei nº 13.256/2016, ser cabível a reclamação para garantir a observância de acórdão proferido em julgamento de incidente de resolução de demandas repetitivas ou de incidente de assunção de competência. Com efeito, trata-se de especificação de situação que já estaria abrangida pela previsão do inciso II ("garantir a autoridade das decisões do tribunal"), mas que se volta especificamente a tribunais de segunda instância (tribunais de justiça e tribunais regionais federais), em sede dos quais têm aplicação os institutos referidos pelo inciso IV.

Destaque-se, nesse sentido, que os acórdãos em incidente de assunção de competência ou de resolução de demandas repetitivas – institutos sobre os quais já foram expostas algumas linhas gerais no capítulo – constam do rol de precedentes a serem observados pelos juízes e tribunais (artigo 927 do Código de Processo Civil). A possibilidade de se utilizar da reclamação constitucional para assegurar a observância a esses precedentes representa outro mecanismo de ampliação do cabimento do instituto perante qualquer tribunal (artigo 988, §1º, do CPC), conforme já analisado ao longo do curso.

CAPÍTULO 4

PROCEDIMENTO DA RECLAMAÇÃO

Encerrada a análise das hipóteses de cabimento da reclamação constitucional, cumpre, por fim, estudar seu procedimento. As normas procedimentais relativas à reclamação constitucional encontram-se, agora, também previstas no Código de Processo Civil (artigos 988 a 993), tendo sido revogados os artigos que dispunham sobre o tema na Lei nº 8.038/1990 (artigo 1.072, IV, do CPC). O procedimento é, em geral, bastante célere, não possuindo fase instrutória, eis que essa via processual não comporta dilação fático-probatória.

O procedimento se inicia por meio de uma petição inicial, a qual, *mutatis mutandis*, deve guardar relação com os mesmos requisitos do artigo 319 do Código de Processo Civil. Já desde esse primeiro momento, o requerimento deve ser acompanhado de toda a prova documental pertinente, eis que não há no procedimento fase de instrução. Nesse sentido, afirma-se que "a inicial deve vir acompanhada de documento essencial, no que indispensável à compreensão da controvérsia".[66]

Também já na petição inicial devem ser demonstrados os já estudados requisitos próprios dessa ação (qual o precedente ou súmula vinculante violado, indicando-se a estrita aderência entre o ato reclamado e a decisão paradigma invocada, ou como se dá a alegada usurpação de competência), conforme o caso, sob pena de inépcia da inicial. Com efeito, "é inepta a petição inicial de reclamação que não identifica com precisão quais seriam os atos contrários à autoridade do STF, nem que

---

[66] Rcl nº 15.316-AgR, rel. min. Marco Aurélio, Primeira Turma, julgamento em 25.02.2014, DJe de 27.03.2014.

indique analiticamente como os atos reclamados poderiam violar a autoridade dos precedentes invocados".[67]

Não obstante, aplica-se também à reclamação a possibilidade de concessão de prazo para emenda à inicial, oportunizando-se a correção de vícios específicos nela detectados (artigo 321 do CPC).[68] Da mesma forma, também é aqui aplicável o artigo 330, relativamente aos casos de indeferimento da petição inicial.

Como já estudado, a reclamação poderá ser proposta perante qualquer tribunal, firmando-se a competência para o órgão judicial cuja competência ou autoridade de decisão se queira garantir. Inicialmente dirigida ao presidente do tribunal, será autuada e distribuída a relatoria de algum ministro ou desembargador relator, aplicando-se, no que couber, os poderes estipulados pelo artigo 932 do CPC. A ressalva ocorre nos casos em que se trate de processo de competência da presidência, como já exemplificado na aula anterior no âmbito do Supremo Tribunal Federal na situação em que alega usurpação da competência do ministro presidente.

A legitimidade para seu ajuizamento é da parte interessada ou do Ministério Público (artigo 988 do CPC), não podendo se iniciar de ofício, como ação que é. Quanto à parte interessada, já foram feitas, no capítulo anterior, as diferenciações conforme se trate, no caso de garantia da autoridade da decisão do tribunal, de decisão proferida em sede subjetiva ou objetiva.

Discussão relevante, porém, sobressai em relação ao Ministério Público, especialmente sobre a possibilidade, ou não, do *parquet* estadual ajuizar reclamação perante o Supremo Tribunal Federal. Isso porque a Lei Orgânica do Ministério Público da União dispõe que atuação do Ministério Público junto à corte é atribuição do procurador-geral da República – artigo 46 da Lei Complementar nº 75/1993: "Incumbe ao Procurador-Geral da República exercer as funções do Ministério Público junto ao Supremo Tribunal Federal, manifestando-se previamente em todos os processos de sua competência".

Entretanto, a jurisprudência se firmou no sentido de reconhecer "a legitimidade ativa autônoma do Ministério Público estadual para

---

[67] Rcl nº 9.732-AgR, rel. min. Joaquim Barbosa, Tribunal Pleno, julgamento em 20.06.2012, DJe de 08.03.2013.

[68] Sobre o ponto, há no Supremo Tribunal Federal exemplos de reclamações em que os ministros relatores determinam a emenda à inicial até mesmo para correção do valor da causa, que poderá servir de base a posterior condenação ao pagamento de honorários advocatícios. Nesse sentido, *v.g.*: Rcl nº 29.637, rel. min. Luiz Fux, despacho proferido em 9 de fevereiro de 2018.

ajuizar reclamação no Supremo Tribunal, sem que se exija a ratificação da inicial pelo PGR".[69] Dessa forma, "o Ministério Público estadual, quando atua no desempenho de suas prerrogativas institucionais e no âmbito de processos cuja natureza justifique a sua formal participação (quer como órgão agente, quer como órgão interveniente), dispõe, ele próprio, de legitimidade para ajuizar reclamação, em sede originária, perante o STF".[70]

De fato, este é o entendimento mais consentâneo com a modelagem constitucional do Ministério Público, que assegura à instituição autonomia e independência funcional, tanto em relação ao dos estados (chefiado administrativamente por seus procuradores-gerais de justiça) quanto ao Ministério Público da União (chefiado pelo procurador-geral da República e a abranger o Ministério Público Federal; o Ministério Público do Trabalho; o Ministério Público Militar; e o Ministério Público do Distrito Federal e Territórios). Mesmo nas reclamações propostas por Ministério Público estadual, entretanto, o procurador-geral da República poderá ser ouvido e apresentar parecer como fiscal da ordem jurídica (*custos iuris*), não como parte.

Quanto ao cabimento, fora as situações já estudadas, destaque-se relevante súmula do Supremo Tribunal Federal que afirma ser incabível o ajuizamento de reclamação contra decisão judicial já transitada em julgado – Súmula nº 734/STF: "Não cabe reclamação quando já houver transitado em julgado o ato judicial que se alega tenha desrespeitado decisão do Supremo Tribunal Federal". Isso porque a reclamação constitucional não pode ser utilizada como sucedâneo de ação rescisória, que é o meio processual próprio para desconstituição da coisa julgada.

A vedação não se confunde, porém, com a situação em que há o superveniente trânsito em julgado da decisão impugnada no curso da reclamação. Com efeito, considerando que o manejo da reclamação não suspende o curso do processo originário (a menos que haja determinação nesse sentido pelo órgão julgador, nos termos do artigo 989, II, do CPC), mostra-se possível que o processo inicial termine antes da reclamação constitucional, o que não impedirá o seu julgamento.

O marco temporal, portanto, para aferição da incidência, ou não, da Súmula nº 734/STF é o ajuizamento da reclamação: se posterior ao trânsito em julgado da decisão reclamada, não será conhecida; se

---

[69] Rcl nº 7.101, rel. min. Cármen Lúcia, Tribunal Pleno, julgamento em 24.02.2011, DJe de 09.08.2011.

[70] Rcl nº 15.028, rel. Min. Celso de Mello, decisão monocrática, julgamento em 13.02.2014, DJe de 18.02.2014.

anterior, ainda que ocorra o trânsito em julgado superveniente, deverá ser julgada. Dessa forma, "admite-se reclamação contra decisão que só transitou em julgado após seu ajuizamento".[71] Da mesma forma, eventual inadmissibilidade ou o julgamento de recurso também interposto contra a decisão proferida no processo originário não prejudica a reclamação (artigo 988, §6º, do CPC). Em verdade, em busca de uma maior precisão técnica, há quem defenda que a existência de reclamação ajuizada representa circunstância impeditiva ao trânsito em julgado no processo original.[72]

Ponto que inspira alguma controvérsia é a possibilidade, ou não, de que a reclamação indique como ato reclamado uma decisão de ministro do Supremo Tribunal Federal. Tem prevalecido, porém, que "não cabe reclamação contra atos decisórios dos ministros ou das Turmas que integram esta Corte Suprema, dado que tais decisões são juridicamente imputadas à autoria do próprio Tribunal em sua inteireza".[73]

Recebida a inicial (artigo 989 do CPC), o relator requisitará informações à autoridade reclamada, isto é, àquela à qual imputada a prática do ato impugnado, no prazo de 10 (dez) dias. Na mesma oportunidade, promoverá a citação da parte beneficiada pelo ato reclamado (providência não constante do procedimento que previa a Lei nº 8.038/1990), que poderá, em exercício do contraditório, apresentar contestação no prazo de 15 (quinze) dias, sem prejuízo de que qualquer interessado impugne o pedido do reclamante (artigo 990 do CPC).

Como medida liminar, é possível a concessão de tutela provisória, mesmo sem a prévia oitiva da parte contrária (*inaudita altera pars*), para

---

[71] Rcl nº 5.821-ED, rel. Min. Cezar Peluso, Tribunal Pleno, julgamento em 14.10.2009, DJe de 26.03.2010.

[72] Afirma-se, nesse sentido, que "a pendência da reclamação constitucional impede o trânsito em julgado, razão pela qual a não interposição de recurso contra a decisão não gera a consequência natural de tornar a decisão imutável e indiscutível e, por isso, não prejudica o andamento da reclamação constitucional" (NEVES, Daniel Amorim Assumpção. *Ações constitucionais*: volume único. Salvador: Editora JusPodivm, 2017. p. 264).

[73] Rcl nº 3.916-AgR, rel. min. Ayres Britto, Tribunal Pleno, julgamento em 12.06.2006, DJ de 25.08.2006. O entendimento é também sinteticamente evidenciado no seguinte julgado: "RECLAMAÇÃO CONTRA DECISÃO DE MINISTRO DO STF. NÃO CABIMENTO. 1. A competência originária do STF para processar e julgar reclamação, prevista nos arts. 102, I, l, e 103-A, §3º, limita-se a preservar a competência do Tribunal, garantir a autoridade de suas decisões ou a eficácia de súmula vinculante. Na hipótese dos autos, não está configurada nenhuma dessas situações. Isso porque, (a) inadmissível falar em decisão do STF que usurpa a competência do próprio STF e (b) a reclamação não é via para preservar as competências dos órgãos do STF definidas em seu regimento. Precedentes. 2. Agravo regimental a que se nega provimento." (Rcl nº 13.996-AgR, rel. min. Teori Zavascki, Tribunal Pleno julgamento em 26.05.2013, DJ e de 11.06.2013).

determinar a suspensão do processo ou mesmo do ato impugnado. Esse provimento jurisdicional tem forte conteúdo cautelar, eis que o código menciona o objetivo de "evitar dano irreparável" (artigo 989, II, do CPC).

Quando não tenha sido formulada pelo Ministério Público, este deverá ser ouvido, com vista do processo pelo prazo de 5 (cinco) dias, depois de já oportunizado o prazo para a autoridade reclamada apresentar suas informações e o beneficiário sua contestação (artigo 991 do CPC). Nesse caso, a atuação se dará por meio de membro do Ministério Público Federal, que atuará como fiscal do ordenamento jurídico (*custos iuris*) inclusive quando a reclamação tenha sido proposta por membro do Ministério Público Estadual, como acima evidenciado.

Admite-se, ainda, a intervenção de *amicus curiae* em reclamação (artigo 138 do CPC). Com efeito, essas medidas de pluralização do debate e de ampliação dos participantes no procedimento da reclamação constitucional é medida necessária, sobretudo a partir da adoção da possibilidade de revisão ou alteração do entendimento inicialmente afirmado na decisão paradigma. Isto é, se com o objetivo de permitir a atualização jurisprudencial e a evolução interpretativa se permite que na reclamação se altere o entendimento inicialmente fixado em um recurso extraordinário julgado com repercussão geral, por exemplo, é necessário que nela também haja mecanismos de pluralização do debate constitucional atinente, assim como existe para as ações de controle concentrado e o julgamento de recursos repetitivos ou com repercussão geral.

Na fase de julgamento, que poderá se dar monocraticamente conforme autorização do regimento interno do tribunal respectivo (art. 932, VIII, do CPC), o órgão julgador avaliará a existência, ou não, da hipótese de cabimento alegada pelo reclamante. No caso de julgamento de procedência, o tribunal cassará a decisão reclamada, por exorbitar seu julgado, ou avocará o processo, se reconhecer a usurpação de sua competência, determinando a medida adequada à solução da controvérsia (artigo 992 do CPC), decisão a ser cumprida imediatamente (artigo 993 do CPC).

Por fim, resta controvérsia sobre a possibilidade, ou não, de condenação ao pagamento de honorários advocatícios sucumbenciais na via da reclamação, providência vedada em outras ações constitucionais – mandado de segurança (artigo 25 da Lei nº 12.016/2009); mandado de injunção (artigo 14 da Lei nº 13.300/2016). Aqui, uma vez mais, a conclusão depende, em muito, da natureza jurídica que se atribua à reclamação constitucional.

Adotado o entendimento clássico que afirma se tratar do exercício do direito de petição, a conclusão mais lógica é afirmar a inexistência de condenação ao pagamento dessa verba sucumbencial. Há precedentes que afirmam essa posição, asseverando que "está consagrada em nosso sistema normativo a orientação no sentido de que, salvo em caso de comprovada má-fé, não é cabível a condenação em honorários em ações de natureza constitucional, que visam tutelar relevantes interesses sociais" e que "com mais razão esse entendimento se aplica à reclamação, que é ação de natureza constitucional destinada a preservar a competência do próprio STF e para garantia da autoridade de suas decisões".[74]

De outro lado, caso se considere a reclamação com natureza jurídica de ação – posição aqui adotada –, na inexistência de vedação legal expressa (ou mesmo de determinação subsidiária das normas do mandado de segurança, como há para o mandado de injunção), parece ser lógica a conclusão quanto à possibilidade de sua fixação. Nesse sentido, em diversos casos de reclamações julgadas pelo STF houve a condenação ao pagamento dos honorários advocatícios pelo sucumbente.[75] Adotando-se essa possibilidade, a condenação recairá sobre o reclamante, se sucumbente, ou sobre a pessoa jurídica de direito público ao qual vinculada a autoridade reclamada, no caso de procedência do pedido deduzido na reclamação constitucional.

Se decidida monocraticamente, a decisão do relator pode ser desafiada por agravo interno (artigo 1.021 do CPC) ou também por embargos de declaração (artigo 1.022 do CPC). No caso de decisão do relator que extinga a reclamação monocraticamente, garante-se a possibilidade de sustentação oral no agravo interno contra ela interposto, assim como ocorre para a ação rescisória e o mandado de segurança (artigo 937, §3º, do CPC).

Há, ainda, súmula antiga do Supremo Tribunal Federal que afirma não ser possível a interposição de embargos infringentes – Súmula nº 368/STF: "Não há embargos infringentes no processo de reclamação". Entretanto, esse recurso não mais existe no CPC/2015, tendo se criado,

---

[74] Rcl nº 16.418-AgR-ED, rel. Min. Teori Zavascki, Tribunal Pleno, julgamento em 28.05.2014, DJe de 18.06.2014. No mesmo sentido, afirmando o não cabimento da condenação ao pagamento de honorários advocatícios em reclamação: Rcl nº 31.510-ED-AgR, rel. Min. Cármen Lúcia, Segunda Turma, julgamento em 13.09.2019, DJe de 26.09.2019.

[75] Rcl nº 29.255-AgR, rel. Min. Roberto Barroso, Primeira Turma, julgamento em 29.06.2018, DJe de 06.08.2018; Rcl nº 30.882-AgR, rel. Min. Ricardo Lewandowski, Segunda Turma, julgamento em 13.09.2019, DJe de 23.09.2019; Rcl nº 33.100-AgR, rel. Min. Luiz Fux, Primeira Turma, julgamento em 29.04.2019, DJe de 07.05.2019.

em seu lugar, instituto, que se tem denominado de "técnica de ampliação do colegiado" ou "incidente de colegialidade qualificada", conforme previsão do art. 942 do CPC/2015, que não possui aplicação à reclamação constitucional.

REFERÊNCIAS

ABBOUD, Georges; VAUGHN, Gustavo Favero. Notas críticas sobre a reclamação e os provimentos judiciais vinculantes do CPC. *Revista de Processo*, v. 44, n. 287, p. 409-441, jan. 2019.

ABBOUD, Georges; STRECK, Lenio Luiz. Comentários ao art. 927. *In*: STRECK, Lenio *et al*. (Coords.). *Comentários ao código de processo civil*. São Paulo: Saraiva, 2016.

ALVES, Renato de Oliveira. A reclamação constitucional no STF. *Revista de Direito Constitucional e Internacional*, v. 80/2012, p. 67-84, jul./set. 2012.

ALVIM, Eduardo Arruda. Reclamação e ação direta de inconstitucionalidade. *In*: NOGUEIRA, Pedro Henrique Pedrosa; COSTA, Eduardo José da Fonseca (Org.). *Reclamação constitucional*. Salvador: JusPodivm, 2013. p. 131-159.

ALVIM, José Eduardo Carreira. *Incidente de resolução de demandas repetitivas e reclamação*. Curitiba: Juruá, 2020.

ALVIM, Teresa Arruda; DANTAS, Bruno. *Recurso especial, recurso extraordinário e a nova função dos tribunais superiores no direito brasileiro*. São Paulo: Editora Revista dos Tribunais, 2016.

AMORIM, Fábio Tavares. A (in)constitucionalidade da resolução STJ 03/2016: a competência para julgamento da reclamação constitucional em razão de divergência entre turma recursal e o Superior Tribunal de Justiça. *Revista de Processo*, v. 44, n. 294, p. 403-429, ago. 2019.

ANDRADE, Tatiane Costa de. Reclamação constitucional: uma alternativa possível para a superação de precedentes ante a barreira imposta pelo artigo 1.030 do CPC. *Revista Eletrônica de Direito Processual*, v. 20, n. 3, 2019.

ANDRIGHI, Fátima Nancy. Cabimento da reclamação para controle de aplicação de precedente vinculante formado em recurso especial repetitivo. *In*: AURELLI, Arlete Inês *et al*. (Coord.). *Estudos em homenagem à professora Thereza Alvim*: controvérsias do direito processual civil: 5 anos do CPC/2015. São Paulo: Revista dos Tribunais, 2020. p. 617-631.

ARABI, Abhner Youssif Mota. *Mandado de Segurança e Mandado de Injunção*. 2. ed. Salvador: Editora JusPodivm, 2019.

ARAÚJO, José Henrique Mouta. A reclamação constitucional e os precedentes vinculantes: o controle da hierarquização interpretativa no âmbito local. *Revista de Processo*, v. 41, n. 252, p. 243-262, fev. 2016.

AURELLI, Arlete Inês. Condições da Ação para o Exercício da Reclamação Constitucional. *In*: NOGUEIRA, Pedro Henrique Pedrosa; COSTA, Eduardo José da Fonseca (Org.). *Reclamação constitucional*. Salvador: JusPodivm, 2013. p. 19-39.

AZEVEDO, Gustavo. *Reclamação constitucional no direito processual civil*. Rio de Janeiro: Forense, 2018. p. 197.

BARROS, Lucas Buril de Macedo. Reclamação constitucional e precedentes obrigatórios. *Revista de Processo*, v. 238/2014, dez. 2014, p. 413-434.

BORGES, Fernanda Gomes e Souza. Os novos contornos da reclamação constitucional no Código de Processo Civil de 2015. *Revista Brasileira de Direito Processual*, v. 26, n. 102, p. 235-256, abr./jun. 2018.

CALIL, Gabriel; TOMMASINI, Nicola; DIMOULIS, Dimitri. Recurso extraordinário e reclamação constitucional: uma análise da linha jurisprudencial do Supremo Tribunal Federal. *Revista Brasileira de Estudos Constitucionais – RBEC*, Belo Horizonte, ano 10, n. 34, jan./abr. 2016. Disponível em: http://www.bidforum.com.br/PDI0006. aspx?pdiCntd=244327. Acesso em: 21 out. 2020.

CARVALHO, Feliciano de. Reclamação (in)constitucional?: análise do novo Código de processo civil. *Revista de Informação Legislativa*, v. 53, n. 212, p. 57-79, out./dez. 2016.

CÔRTES, Osmar Mendes Paixão. A reclamação para os tribunais superiores no novo CPC, com as alterações da Lei 13.256-2016. *Revista de Processo*, v. 41, n. 257, p. 255-266, jul. 2016.

COSTA, Eduardo José da Fonseca. A reclamação constitucional estadual como um problema fonte. *In*: NOGUEIRA, Pedro Henrique Pedrosa; COSTA, Eduardo José da Fonseca (Org.). *Reclamação constitucional*. Salvador: JusPodivm, 2013. p. 161-177.

CUNHA, Leonardo Carneiro da Cunha; DIDIER JR., Fredie (Org.). *Julgamento de casos repetitivos*. 1. ed. v. 10. Salvador: JusPodivm, 2017.

CUNHA, Leonardo José Carneiro da. A reclamação constitucional contra ato que desrespeita enunciado de súmula vinculante. *In*: NOGUEIRA, Pedro Henrique Pedrosa; COSTA, Eduardo José da Fonseca (Org.). *Reclamação constitucional*. Salvador: JusPodivm, 2013. p. 287-294.

DAL MONTE, Douglas Anderson. Reclamação: da origem jurisprudencial ao CPC/2015. *In*: OLIVEIRA, Pedro Miranda; LUCON, Paulo Henrique dos Santos (Coord.). *Panorama atual do novo CPC*. v. 3. Florianópolis: Empório do Direito, 2019. p. 97-110.

DANTAS, Bruno. A ressignificação da reclamação e o conceito de "esgotamento de instância" previsto no art. 988, §5º, II, do CPC/2015: um novo requisito de procedibilidade instituído pela minirreforma do CPC 2015. *In*: MARINONI, Luiz Guilherme; SARLET, Ingo Wolfgang (Coord.). *Processo constitucional*. São Paulo: Revista dos Tribunais, 2019. p. 669-688.

DANTAS, Bruno. A nova função da reclamação e o conceito de "esgotamento de instância" previsto no art. 988, §5º, II, do CPC/2015 a garantia da observância de acórdão de recurso extraordinário com repercussão geral reconhecida e de acórdão proferido em julgamento de recursos extraordinário ou especial repetitivos. *Revista Thesis Juris*, v. 7, n. 2, p. 365-388, jul./dez. 2018.

DANTAS, Marcelo Navarro Ribeiro. A reclamação constitucional no direito comparado. *In*: NOGUEIRA, Pedro Henrique Pedrosa; COSTA, Eduardo José da Fonseca (Org.). *Reclamação constitucional*. Salvador: JusPodivm, 2013. p. 335-369.

DANTAS, Marcelo Navarro Ribeiro. *Reclamação Constitucional no Direito Brasileiro*. Porto. Alegre: Sergio Antonio Fabris Editor, 2000.

DANTAS, Marcelo Navarro Ribeiro. O procedimento da reclamação. *In*: NOGUEIRA, Pedro Henrique Pedrosa; COSTA, Eduardo José da Fonseca (Org.). *Reclamação constitucional*. Salvador: JusPodivm, 2013. p. 319-333.

REFERÊNCIAS | 83

DIDIER JR., Fredie; CUNHA, Leonardo Carneiro da Cunha. Reclamação contra decisão de juizado especial que contraria entendimento jurisprudencial do STJ. *In*: NOGUEIRA, Pedro Henrique Pedrosa; COSTA, Eduardo José da Fonseca (Org.). *Reclamação constitucional*. Salvador: JusPodivm, 2013. p. 221-227.

FARIA, Alexandra Clara Ferreira; ASSIS, Christiane Costa. O Instituto da Reclamação Constitucional e a Repercussão Geral. *Fórum Administrativo – FA*, Belo Horizonte, ano 11, n. 122, abr. 2011. Disponível em: http://www.bidforum.com.br/PDI0006.aspx?pdiCntd=72569. Acesso em: 21 out. 2020.

FERNANDES, Marcelo. A reclamação constitucional na perspectiva do novo Código de processo civil. Um exame da eficácia vinculante das decisões proferidas em controle concentrado de constitucionalidade. *In*: WAMBIER, Luiz Rodrigues; NÓBREGA, Guilherme Pupe da; BECKER, Rodrigo Frantz; TRIGUEIRO, Victor Guedes (Coord.). *Código de processo civil no STF e no STJ*: estudos sobre os impactos e interpretações. Salvador: JusPodivm, 2018. p. 221-239.

FUGA, Bruno Augusto Sampaio. *Superação de precedentes*: da necessária via processual e o uso da reclamação para interpretar e superar precedentes. Londrina: Editora Thoth, 2020.

FUX, Luiz (Org.). *Repercussão geral da questão constitucional*. Rio de Janeiro: Forense, 2014. p. 653-668.

GALVÃO, Thiago Murilo Nóbrega. Do cabimento da reclamação constitucional na dimensão da competência do STJ em face dos precedentes da ação penal 937 do STF. *Revista dos Tribunais*, v. 109, n. 1015, p. 61-77, maio 2020.

GOUVÊA, Luís Felipe Espindola. A inconstitucionalidade das novas hipóteses de reclamação previstas no novo Código de Processo Civil. *Revista de Processo*, v. 41, n. 253, p. 257-270, mar. 2016.

GONZALEZ, Gabriel Araújo. O posicionamento vacilante do STF sobre a reclamação constitucional por violação à eficácia vinculante da decisão tomada em controle abstrato de constitucionalidade. *Revista Brasileira de Direito Processual – RBDPro*, Belo Horizonte, ano 24, n. 95, jul./set. 2016. Disponível em: http://www.bidforum.com.br/PDI0006. aspx?pdiCntd=243866. Acesso em: 21 out. 2020.

HARTMANN, Guilherme Kronemberg. Reclamação no âmbito do CPC/2015 e sua faceta de controle da observância de precedentes judiciais vinculantes. *In*: PORTO, José Roberto de Mello; RODRIGUES, Roberto de Aragão Ribeiro (Coord.). *Direito processual contemporâneo*: estudos em homenagem a Humberto dalla Bernardina de Pinho. Rio de Janeiro: GZ, 2018. p. 253-272.

HOLLIDAY, Gustavo Calmon. *A reclamação constitucional no novo CPC*. Belo Horizonte: Fórum, 2016.

LEISTER, Carolina; CHIAPPIN, J. R. N. Reclamação constitucional: a possibilidade de construção de um controle de jurisdicionalidade na civil law brasileira. *Revista Brasileira de Direito Processual – RBDPro*, Belo Horizonte, ano 24, n. 94, abr./jun. 2016. Disponível em: http://www.bidforum.com.br/PDI0006.aspx?pdiCntd=240463. Acesso em: 21 out. 2020.

LIMA, Renato Brasileiro de. *Manual de Processo Penal*. Salvador: JusPodivm, 2015.

MACÊDO, Lucas Buril de. Reclamação constitucional fundada em precedentes obrigatórios no CPC/2015. *In*: GAIO JR., Antonio Pereira; CÂMARA, Alexandre Freitas (Coord.). *Código de processo civil*: novas reflexões e perspectivas. Belo Horizonte: Del Rey, 2016. p. 207-234.

MAGALHÃES, Breno Baía. Considerações acerca da natureza jurídica da reclamação constitucional. *Revista de Processo*, v. 210/2012, ago. 2012, p. 399-424.

MAZZILLI, Hugo Nigro. *Novo CPC viola Constituição ao dar poderes legislativos a tribunais.* Disponível em: http://www.conjur.com.br/2015-out-03/hugo-mazzilli-poder-tribunais-legislarem-viola-constituicao. Acesso em: 18 set. 2020.

MEIRELLES, Hely Lopes; WALD, Arnold; MENDES, Gilmar Ferreira. *Mandado de Segurança e Ações Constitucionais*. São Paulo: Malheiros, 2016.

MELLO, Marco Aurélio. A reclamação no Código de processo civil de 2015 e a jurisprudência do Supremo. *In*: DANTAS, Bruno *et al.* (Org.). Questões relevantes sobre recursos, ações de impugnação e mecanismos de uniformização da jurisprudência. São Paulo: Revista dos Tribunais, 2017. p. 411-417.

MENDES, Gilmar. A reclamação constitucional no Supremo Tribunal Federal. *Fórum Administrativo - Direito Público - FA*, Belo Horizonte, ano 9, n. 100, jun. 2009. Disponível em: http://www.bidforum.com.br/PDI0006.aspx?pdiCntd=57931. Acesso em: 21 out. 2020.

MENDES, Gilmar. O uso da reclamação para atualizar jurisprudência firmada em controle abstrato. *In*: *Observatório da Jurisdição Constitucional*, ano 6, v. 1, maio 2013, p. 110-120.

MITIDIERO, Daniel Francisco. *Reclamação nas cortes supremas*: entre a autoridade da decisão e a eficácia do precedente. São Paulo: Revista dos Tribunais, 2020.

MOREIRA, Rômulo de Andrade. Considerações acerca da reclamação constitucional *In*: *Repertório IOB de jurisprudência: tributário, constitucional e administrativo*, n. 6, p. 250-242, 2. quinz. mar. 2016.

NOGUEIRA, Pedro Henrique Pedrosa; COSTA, Eduardo José da Fonseca (Org.). *Reclamação constitucional*. Salvador: JusPodivm, 2013.

NERY JR., Nelson; ALVIM, Teresa Arruda (Org.). *Aspectos Polêmicos dos Recursos Cíveis e Assuntos Afins*. v. 13. São Paulo: Revista dos Tribunais, 2017.

NERY JR., Nelson; NERY, Rosa Maria de Andrade. *Código de Processo Civil comentado*. São Paulo: RT, 2015.

NEVES, Daniel Amorim Assumpção. *Ações constitucionais*: volume único. Salvador: JusPodivm, 2017.

OLIVEIRA JUNIOR, Zulmar Duarte de. Reclamação na repercussão geral. *In*: FUX, Luiz (Org.). *Repercussão geral da questão constitucional*. Rio de Janeiro: Forense, 2014. p. 653-668.

PAIXÃO, Vivian D'Avila Melo. Reclamação como mecanismo de controle da observância de precedentes. *Revista Forense*, v. 113, n. 425, p. 113-142, jan./jun. 2017.

PELEJA JÚNIOR, Antônio Veloso. *Reclamação no processo civil*: nuances e particularidades. Curitiba: Editora Juruá, 2020.

SANTANA, Alexandre Ávalo. A reclamação constitucional e o novo Código de processo civil. *In*: SANTANA, Alexandre Ávalo; ANDRADE NETO, José de (Coord.). *Novo CPC*: análise doutrinária sobre o novo direito processual brasileiro. v. 3. Campo Grande, MS: Contemplar, 2016. p. 528-545.

SILVA, Rinaldo Mouzalas de Souza; ALBUQUERQUE, João Otávio Terceiro Neto B. de. A "nova" reclamação constitucional e seus impactos sobre a uniformização de jurisprudência nos juizados especiais estaduais. *In*: REDONDO, Bruno Garcia *et al.* (Coord.). *Juizados especiais*. Salvador: JusPodivm, 2015. p. 585-609.

SILVA, Rinaldo Mouzalas de Souza. Reclamação constitucional. *In*: DIDIER JÚNIOR, Fredie *et al.* (Coord.). *Precedentes*. Salvador: JusPodivm, 2015. (Grandes temas do novo CPC, v. 3). p. 777-796.

SOARES, Júlio César dos Santos. Apontamentos sobre a reclamação: origem e evolução até sua previsão no novo CPC. *In*: FAVRETO, Fabiana; GRILO, Renato Cesar Guedes Grilo (Coord.). *STJ e o CPC/2015*: recursos típicos e ações originárias: homenagem ao Ministro Benedito Gonçalves. Ribeirão Preto: Migalhas, 2018. p. 228-244.

SHIMURA, Sérgio Seiji. Ponderações sobre o cabimento da reclamação perante quaisquer tribunais para preservar a autoridade de suas decisões. *Revista de Processo*, v. 44, n. 298, p. 171-189, dez. 2019.

STRECK, Lenio Luiz. O instituto da reclamação em face das súmulas (não) vinculantes: a visão da Suprema Corte brasileira e as inovações do novo CPC. *In*: LEMBO, Claudio; CAGGIANO, Monica Herman; ALMEIDA NETO, Manoel Carlos de. *Juiz constitucional*: Estado e poder no século XXI – estudos em homenagem ao Ministro Enrique Ricardo Lewandowski. São Paulo: Revista dos Tribunais, 2015. p. 301-317.

TAKOI, Sérgio Massaru. *Reclamação constitucional*. São Paulo: Saraiva, 2013.

THEODORO JUNIOR; Humberto. Reclamação constitucional: importância sempre crescente na esfera dos direitos fundamentais. *In*: *O novo processo civil brasileiro*: temas relevantes - estudos em homenagem ao professor, jurista e Ministro Luiz Fux. v. 1. Rio de Janeiro: GZ, 2018. p. 521-535.

VEIGA, Daniel Brajal. O caráter pedagógico da reclamação constitucional e a valorização do precedente. *Revista de Processo*, v. 220/2013. p. 49-67, jun. 2013.

XAVIER, Carlos Eduardo Rangel. *Reclamação constitucional e precedentes judiciais*: contributo a um olhar crítico sobre o novo Código de processo Civil. São Paulo: Revista dos Tribunais, 2016.

WAMBIER, Teresa Arruda Alvim. Recursos extraordinários e especial repetitivos. *In*: WAMBIER, Luiz Rodrigues; WAMBIER, Teresa Arruda Alvim (Coord.). *Temas essenciais do novo CPC*: análise das principais alterações do sistema processual civil brasileiro. São Paulo: Revista dos Tribunais, 2016. p. 609-615.

ANEXOS

ANEXO I

DISPOSIÇÕES NORMATIVAS SOBRE RECLAMAÇÃO

1 Código de Processo Civil

LIVRO III
DOS PROCESSOS NOS TRIBUNAIS E DOS MEIOS DE IMPUGNAÇÃO DAS DECISÕES JUDICIAIS

TÍTULO I
DA ORDEM DOS PROCESSOS E DOS PROCESSOS DE COMPETÊNCIA ORIGINÁRIA DOS TRIBUNAIS

CAPÍTULO IX
DA RECLAMAÇÃO

Art. 988. Caberá reclamação da parte interessada ou do Ministério Público para:

I - preservar a competência do tribunal;

II - garantir a autoridade das decisões do tribunal;

~~III - garantir a observância de decisão do Supremo Tribunal Federal em controle concentrado de constitucionalidade;~~

III – garantir a observância de enunciado de súmula vinculante e de decisão do Supremo Tribunal Federal em controle concentrado de constitucionalidade; (Redação dada pela Lei nº 13.256, de 2016)

~~IV - garantir a observância de enunciado de súmula vinculante e de precedente proferido em julgamento de casos repetitivos ou em incidente de assunção de competência.~~

IV – garantir a observância de acórdão proferido em julgamento de incidente de resolução de demandas repetitivas ou de incidente de assunção de competência; (Redação dada pela Lei nº 13.256, de 2016)

§1º A reclamação pode ser proposta perante qualquer tribunal, e seu julgamento compete ao órgão jurisdicional cuja competência se busca preservar ou cuja autoridade se pretenda garantir.

§2º A reclamação deverá ser instruída com prova documental e dirigida ao presidente do tribunal.

§3º Assim que recebida, a reclamação será autuada e distribuída ao relator do processo principal, sempre que possível.

§4º As hipóteses dos incisos III e IV compreendem a aplicação indevida da tese jurídica e sua não aplicação aos casos que a ela correspondam.

~~§5º É inadmissível a reclamação proposta após o trânsito em julgado da decisão.~~

§5º É inadmissível a reclamação: (Redação dada pela Lei nº 13.256, de 2016)

I – proposta após o trânsito em julgado da decisão reclamada; (Incluído pela Lei nº 13.256, de 2016)

II – proposta para garantir a observância de acórdão de recurso extraordinário com repercussão geral reconhecida ou de acórdão proferido em julgamento de recursos extraordinário ou especial repetitivos, quando não esgotadas as instâncias ordinárias. (Incluído pela Lei nº 13.256, de 2016)

§6º A inadmissibilidade ou o julgamento do recurso interposto contra a decisão proferida pelo órgão reclamado não prejudica a reclamação.

Art. 989. Ao despachar a reclamação, o relator:

I - requisitará informações da autoridade a quem for imputada a prática do ato impugnado, que as prestará no prazo de 10 (dez) dias;

II - se necessário, ordenará a suspensão do processo ou do ato impugnado para evitar dano irreparável;

III - determinará a citação do beneficiário da decisão impugnada, que terá prazo de 15 (quinze) dias para apresentar a sua contestação.

Art. 990. Qualquer interessado poderá impugnar o pedido do reclamante.

Art. 991. Na reclamação que não houver formulado, o Ministério Público terá vista do processo por 5 (cinco) dias, após o decurso do prazo para informações e para o oferecimento da contestação pelo beneficiário do ato impugnado.

Art. 992. Julgando procedente a reclamação, o tribunal cassará a decisão exorbitante de seu julgado ou determinará medida adequada à solução da controvérsia.

Art. 993. O presidente do tribunal determinará o imediato cumprimento da decisão, lavrando-se o acórdão posteriormente.

2 Regimento Interno do Supremo Tribunal Federal

PARTE II
DO PROCESSO

TÍTULO V
DOS PROCESSOS SOBRE COMPETÊNCIA

CAPÍTULO I
DA RECLAMAÇÃO

Art. 156. Caberá reclamação do Procurador-Geral da República, ou do interessado na causa, para preservar a competência do Tribunal ou garantir a autoridade das suas decisões.

Parágrafo único. A reclamação será instruída com prova documental.

Art. 157. O Relator requisitará informações da autoridade, a quem for imputada a prática do ato impugnado, que as prestará no prazo de cinco dias.

Art. 158. O Relator poderá determinar a suspensão do curso do processo em que se tenha verificado o ato reclamado, ou a remessa dos respectivos autos ao Tribunal.

Art. 159. Qualquer interessado poderá impugnar o pedido do reclamante.

Art. 160. Decorrido o prazo para informações, dar-se-á vista ao Procurador-Geral, quando a reclamação não tenha sido por ele formulada.

~~Art. 161. Julgando procedente a reclamação, o Plenário poderá:~~

Art. 161. Julgando procedente a reclamação, o Plenário ou a Turma poderá: (Redação dada pela Emenda Regimental n. 9, de 8 de outubro de 2001)

I – avocar o conhecimento do processo em que se verifique usurpação de sua competência;

II – ordenar que lhe sejam remetidos, com urgência, os autos do recurso para ele interposto;

III – cassar decisão exorbitante de seu julgado, ou determinar medida adequada à observância de sua jurisdição.

Parágrafo único. O Relator poderá julgar a reclamação quando a matéria for objeto de jurisprudência consolidada do Tribunal. (Incluído pela Emenda Regimental n. 13, de 25 de março de 2004)

~~Art. 162. O Presidente determinará o imediato cumprimento da decisão, lavrando-se o acórdão posteriormente.~~

Art. 162. O Presidente do Tribunal ou da Turma determinará o imediato cumprimento da decisão, lavrando-se o acórdão posteriormente. (Redação dada pela Emenda Regimental n. 9, de 8 de outubro de 2001)

3 Regimento Interno do Superior Tribunal de Justiça

PARTE II
DO PROCESSO

TÍTULO V
DOS PROCESSOS SOBRE COMPETÊNCIA

CAPÍTULO I
DA RECLAMAÇÃO

Art. 187. Para preservar a competência do Tribunal, garantir a autoridade de suas decisões e a observância de julgamento proferido em incidente de assunção de competência, caberá reclamação da parte interessada ou do Ministério Público desde que, na primeira hipótese, haja esgotado a instância ordinária. (Redação dada pela Emenda Regimental n. 24, de 2016)

Parágrafo único. A reclamação, dirigida ao Presidente do Tribunal e instruída com prova documental, será autuada e distribuída ao relator da causa principal, sempre que possível.

Art. 188. Ao despachar a reclamação, o relator:

I - requisitará informações da autoridade a quem for imputada a prática do ato impugnado, a qual as prestará no prazo de dez dias;

II - ordenará, se necessário, para evitar dano irreparável a suspensão do processo ou do ato impugnado;

III - determinará a citação do beneficiário da decisão impugnada, que terá quinze dias para apresentar contestação. (Incluído pela Emenda Regimental n. 22, de 2016)

Art. 189. Qualquer interessado poderá impugnar o pedido do reclamante.

Art. 190. O Ministério Público, nas reclamações que não houver formulado, terá vista do processo por cinco dias, após o decurso do prazo para informações e para oferecimento da contestação pelo beneficiário do ato impugnado. (Redação dada pela Emenda Regimental n. 22, de 2016)

Art. 191. Julgando procedente a reclamação, o Tribunal cassará a decisão exorbitante de seu julgado ou determinará medida adequada à preservação de sua competência.

Art. 192. O Presidente determinará o imediato cumprimento da decisão, lavrando-se o acórdão posteriormente.

ANEXO II

SÚMULAS VINCULANTES

SÚMULA VINCULANTE 1 (aprovada em 30.05.2007)
Ofende a garantia constitucional do ato jurídico perfeito a decisão que, sem ponderar as circunstâncias do caso concreto, desconsidera a validez e a eficácia de acordo constante de termo de adesão instituído pela Lei Complementar nº 110/2001.

SÚMULA VINCULANTE 2 (aprovada em 30.05.2007)
É inconstitucional a lei ou ato normativo estadual ou distrital que disponha sobre sistemas de consórcios e sorteios, inclusive bingos e loterias.

SÚMULA VINCULANTE 3 (aprovada em 30.05.2007)
Nos processos perante o Tribunal de Contas da União asseguram-se o contraditório e a ampla defesa quando da decisão puder resultar anulação ou revogação de ato administrativo que beneficie o interessado, excetuada a apreciação da legalidade do ato de concessão inicial de aposentadoria, reforma e pensão.

SÚMULA VINCULANTE 4 (aprovada em 30.04.2008)
Salvo nos casos previstos na Constituição, o salário mínimo não pode ser usado como indexador de base de cálculo de vantagem de servidor público ou de empregado, nem ser substituído por decisão judicial.

SÚMULA VINCULANTE 5 (aprovada em 07.05.2008)
A falta de defesa técnica por advogado no processo administrativo disciplinar não ofende a Constituição.

SÚMULA VINCULANTE 6 (aprovada em 07.05.2008)
Não viola a Constituição o estabelecimento de remuneração inferior ao salário mínimo para as praças prestadoras de serviço militar inicial.

SÚMULA VINCULANTE 7 (aprovada em 11.06.2008)

A norma do §3º do artigo 192 da Constituição, revogada pela Emenda Constitucional nº 40/2003, que limitava a taxa de juros reais a 12% ao ano, tinha sua aplicação condicionada à edição de lei complementar.

SÚMULA VINCULANTE 8 (aprovada em 12.06.2008)

São inconstitucionais o parágrafo único do artigo 5º do Decreto-Lei nº 1.569/1977 e os artigos 45 e 46 da Lei nº 8.212/1991, que tratam de prescrição e decadência de crédito tributário.

SÚMULA VINCULANTE 9 (aprovada em 12.06.2008)

O disposto no artigo 127 da Lei nº 7.210/1984 (Lei de Execução Penal) foi recebido pela ordem constitucional vigente, e não se lhe aplica o limite temporal previsto no caput do artigo 58.

SÚMULA VINCULANTE 10 (aprovada em 18.06.2008)

Viola a cláusula de reserva de plenário (CF, artigo 97) a decisão de órgão fracionário de Tribunal que embora não declare expressamente a inconstitucionalidade de lei ou ato normativo do poder público, afasta sua incidência, no todo ou em parte.

SÚMULA VINCULANTE 11 (aprovada em 13.08.2008)

Só é lícito o uso de algemas em casos de resistência e de fundado receio de fuga ou de perigo à integridade física própria ou alheia, por parte do preso ou de terceiros, justificada a excepcionalidade por escrito, sob pena de responsabilidade disciplinar, civil e penal do agente ou da autoridade e de nulidade da prisão ou do ato processual a que se refere, sem prejuízo da responsabilidade civil do Estado.

SÚMULA VINCULANTE 12 (aprovada em 13.08.2008)

A cobrança de taxa de matrícula nas universidades públicas viola o disposto no art. 206, IV, da Constituição Federal.

SÚMULA VINCULANTE 13 (aprovada em 21.08.2008)

A nomeação de cônjuge, companheiro ou parente em linha reta, colateral ou por afinidade, até o terceiro grau, inclusive, da autoridade nomeante ou de servidor da mesma pessoa jurídica investido em cargo de direção, chefia ou assessoramento, para o exercício de cargo em comissão ou de confiança ou, ainda, de função gratificada na administração pública direta e indireta em qualquer dos Poderes da União, dos Estados, do Distrito Federal e dos Municípios, compreendido o ajuste mediante designações recíprocas, viola a Constituição Federal.

ANEXO II
SÚMULAS VINCULANTES | 97

SÚMULA VINCULANTE 14 (aprovada em 02.02.2009)

É direito do defensor, no interesse do representado, ter acesso amplo aos elementos de prova que, já documentados em procedimento investigatório realizado por órgão com competência de polícia judiciária, digam respeito ao exercício do direito de defesa.

SÚMULA VINCULANTE 15 (aprovada em 25.06.2009)

O cálculo de gratificações e outras vantagens do servidor público não incide sobre o abono utilizado para se atingir o salário mínimo.

SÚMULA VINCULANTE 16(aprovada em 25.06.2009)

Os artigos 7º, IV, e 39, §3º (redação da EC 19/98), da Constituição, referem-se ao total da remuneração percebida pelo servidor público.

SÚMULA VINCULANTE 17 (aprovada em 29.10.2009)

Durante o período previsto no parágrafo 1º do artigo 100 da Constituição, não incidem juros de mora sobre os precatórios que nele sejam pagos.

SÚMULA VINCULANTE 18 (aprovada em 29.10.2009)

A dissolução da sociedade ou do vínculo conjugal, no curso do mandato, não afasta a inelegibilidade prevista no §7º do artigo 14 da Constituição Federal.

SÚMULA VINCULANTE 19 (aprovada em 29.10.2009)

A taxa cobrada exclusivamente em razão dos serviços públicos de coleta, remoção e tratamento ou destinação de lixo ou resíduos provenientes de imóveis, não viola o artigo 145, II, da Constituição Federal.

SÚMULA VINCULANTE 20 (aprovada em 29.10.2009)

A Gratificação de Desempenho de Atividade Técnico-Administrativa - GDATA, instituída pela Lei nº 10.404/2002, deve ser deferida aos inativos nos valores correspondentes a 37,5 (trinta e sete vírgula cinco) pontos no período de fevereiro a maio de 2002 e, nos termos do artigo 5º, parágrafo único, da Lei nº 10.404/2002, no período de junho de 2002 até a conclusão dos efeitos do último ciclo de avaliação a que se refere o artigo 1º da Medida Provisória no 198/2004, a partir da qual passa a ser de 60 (sessenta) pontos.

SÚMULA VINCULANTE 21 (aprovada em 29.10.2009)

É inconstitucional a exigência de depósito ou arrolamento prévios de dinheiro ou bens para admissibilidade de recurso administrativo.

SÚMULA VINCULANTE 22 (aprovada em 02.12.2009)

A Justiça do Trabalho é competente para processar e julgar as ações de indenização por danos morais e patrimoniais decorrentes de acidente de trabalho propostas por empregado contra empregador, inclusive aquelas que ainda não possuíam sentença de mérito em primeiro grau quando da promulgação da Emenda Constitucional nº 45/04.

SÚMULA VINCULANTE 23 (aprovada em 02.12.2009)

A Justiça do Trabalho é competente para processar e julgar ação possessória ajuizada em decorrência do exercício do direito de greve pelos trabalhadores da iniciativa privada.

SÚMULA VINCULANTE 24 (aprovada em 02.12.2009)

Não se tipifica crime material contra a ordem tributária, previsto no art. 1º, incisos I a IV, da Lei nº 8.137/90, antes do lançamento definitivo do tributo.

SÚMULA VINCULANTE 25 (aprovada em 16.12.2009)

É ilícita a prisão civil de depositário infiel, qualquer que seja a modalidade do depósito.

SÚMULA VINCULANTE 26 (aprovada em 16.12.2009)

Para efeito de progressão de regime no cumprimento de pena por crime hediondo, ou equiparado, o juízo da execução observará a inconstitucionalidade do art. 2º da Lei n. 8.072, de 25 de julho de 1990, sem prejuízo de avaliar se o condenado preenche, ou não, os requisitos objetivos e subjetivos do benefício, podendo determinar, para tal fim, de modo fundamentado, a realização de exame criminológico.

SÚMULA VINCULANTE 27 (aprovada em 18.12.2009)

Compete à Justiça estadual julgar causas entre consumidor e concessionária de serviço público de telefonia, quando a ANATEL não seja litisconsorte passiva necessária, assistente, nem opoente.

SÚMULA VINCULANTE 28 (aprovada em 03.02.2010)

É inconstitucional a exigência de depósito prévio como requisito de admissibilidade de ação judicial na qual se pretenda discutir a exigibilidade de crédito tributário.

SÚMULA VINCULANTE 29 (aprovada em 03.02.2010)

É constitucional a adoção, no cálculo do valor de taxa, de um ou mais elementos da base de cálculo própria de determinado imposto, desde que não haja integral identidade entre uma base e outra.

SÚMULA VINCULANTE 30
(A Súmula Vinculante 30 está pendente de publicação)

SÚMULA VINCULANTE 31 (aprovada em 04.02.2010)
É inconstitucional a incidência do Imposto sobre Serviços de Qualquer Natureza – ISS sobre operações de locação de bens móveis.

SÚMULA VINCULANTE 32 (aprovada em 16.02.2011)
O ICMS não incide sobre alienação de salvados de sinistro pelas seguradoras.

SÚMULA VINCULANTE 33 (aprovada em 09.04.2014)
Aplicam-se ao servidor público, no que couber, as regras do regime geral da previdência social sobre aposentadoria especial de que trata o artigo 40, §4º, inciso III da Constituição Federal, até a edição de lei complementar específica.

SÚMULA VINCULANTE 34 (aprovada em 16.10.2014)
A Gratificação de Desempenho de Atividade de Seguridade Social e do Trabalho – GDASST, instituída pela Lei 10.483/2002, deve ser estendida aos inativos no valor correspondente a 60 (sessenta) pontos, desde o advento da Medida Provisória 198/2004, convertida na Lei 10.971/2004, quando tais inativos façam jus à paridade constitucional (EC 20/1998, 41/2003 e 47/2005).

SÚMULA VINCULANTE 35 (aprovada em 16.10.2014)
A homologação da transação penal prevista no artigo 76 da Lei 9.099/1995 não faz coisa julgada material e, descumpridas suas cláusulas, retoma-se a situação anterior, possibilitando-se ao Ministério Público a continuidade da persecução penal mediante oferecimento de denúncia ou requisição de inquérito policial.

SÚMULA VINCULANTE 36 (aprovada em 16.10.2014)
Compete à Justiça Federal comum processar e julgar civil denunciado pelos crimes de falsificação e de uso de documento falso quando se tratar de falsificação da Caderneta de Inscrição e Registro (CIR) ou de Carteira de Habilitação de Amador (CHA), ainda que expedidas pela Marinha do Brasil.

SÚMULA VINCULANTE 37 (aprovada em 16.10.2014)
Não cabe ao Poder Judiciário, que não tem função legislativa, aumentar vencimentos de servidores públicos sob o fundamento de isonomia.

SÚMULA VINCULANTE 38 (aprovada em 11.03.2015)

É competente o Município para fixar o horário de funcionamento de estabelecimento comercial.

SÚMULA VINCULANTE 39 (aprovada em 11.03.2015)

Compete privativamente à União legislar sobre vencimentos dos membros das polícias civil e militar e do corpo de bombeiros militar do Distrito Federal.

SÚMULA VINCULANTE 40 (aprovada em 11.03.2015)

A contribuição confederativa de que trata o art. 8º, IV, da Constituição Federal, só é exigível dos filiados ao sindicato respectivo.

SÚMULA VINCULANTE 41 (aprovada em 11.03.2015)

O serviço de iluminação pública não pode ser remunerado mediante taxa.

SÚMULA VINCULANTE 42 (aprovada em 11.03.2015)

É inconstitucional a vinculação do reajuste de vencimentos de servidores estaduais ou municipais a índices federais de correção monetária.

SÚMULA VINCULANTE 43 (aprovada em 08.04.2015)

É inconstitucional toda modalidade de provimento que propicie ao servidor investir-se, sem prévia aprovação em concurso público destinado ao seu provimento, em cargo que não integra a carreira na qual anteriormente investido.

SÚMULA VINCULANTE 44 (aprovada em 08.04.2015)

Só por lei se pode sujeitar a exame psicotécnico a habilitação de candidato a cargo público.

SÚMULA VINCULANTE 45 (aprovada em 08.04.2015)

A competência constitucional do Tribunal do Júri prevalece sobre o foro por prerrogativa de função estabelecido exclusivamente pela constituição estadual.

SÚMULA VINCULANTE 46 (aprovada em 09.04.2015)

A definição dos crimes de responsabilidade e o estabelecimento das respectivas normas de processo e julgamento são da competência legislativa privativa da União.

SÚMULA VINCULANTE 47 (aprovada em 27.05.2015)

Os honorários advocatícios incluídos na condenação ou destacados do montante principal devido ao credor consubstanciam verba de natureza alimentar cuja satisfação ocorrerá com a expedição de precatório ou requisição de pequeno valor, observada ordem especial restrita aos créditos dessa natureza.

SÚMULA VINCULANTE 48 (aprovada em 27.05.2015)
Na entrada de mercadoria importada do exterior, é legítima a cobrança do ICMS por ocasião do desembaraço aduaneiro.

SÚMULA VINCULANTE 49 (aprovada em 17.06.2015)
Ofende o princípio da livre concorrência lei municipal que impede a instalação de estabelecimentos comerciais do mesmo ramo em determinada área.

SÚMULA VINCULANTE 50 (aprovada em 17.06.2015)
Norma legal que altera o prazo de recolhimento de obrigação tributária não se sujeita ao princípio da anterioridade.

SÚMULA VINCULANTE 51 (aprovada em 18.06.2015)
O reajuste de 28,86%, concedido aos servidores militares pelas Leis 8622/1993 e 8627/1993, estende-se aos servidores civis do poder executivo, observadas as eventuais compensações decorrentes dos reajustes diferenciados concedidos pelos mesmos diplomas legais.

SÚMULA VINCULANTE 52 (aprovada em 18.06.2015)
Ainda quando alugado a terceiros, permanece imune ao IPTU o imóvel pertencente a qualquer das entidades referidas pelo art. 150, VI, "c", da Constituição Federal, desde que o valor dos aluguéis seja aplicado nas atividades para as quais tais entidades foram constituídas.

SÚMULA VINCULANTE 53 (aprovada em 18.06.2015)
A competência da Justiça do Trabalho prevista no art. 114, VIII, da Constituição Federal alcança a execução de ofício das contribuições previdenciárias relativas ao objeto da condenação constante das sentenças que proferir e acordos por ela homologados.

SÚMULA VINCULANTE 54 (aprovada em 17.03.2016)
A medida provisória não apreciada pelo congresso nacional podia, até a Emenda Constitucional 32/2001, ser reeditada dentro do seu prazo de eficácia de trinta dias, mantidos os efeitos de lei desde a primeira edição.

SÚMULA VINCULANTE 55 (aprovada em 17.03.2016)
O direito ao auxílio-alimentação não se estende aos servidores inativos.

SÚMULA VINCULANTE 56 (aprovada em 29.06.2016)

A falta de estabelecimento penal adequado não autoriza a manutenção do condenado em regime prisional mais gravoso, devendo-se observar, nessa hipótese, os parâmetros fixados no RE 641.320/RS.

SÚMULA VINCULANTE 57 (aprovada em 15.04.2020)

A imunidade tributária constante do art. 150, VI, d, da CF/88 aplica-se à importação e comercialização, no mercado interno, do livro eletrônico (e-book) e dos suportes exclusivamente utilizados para fixá-los, como leitores de livros eletrônicos (e-readers), ainda que possuam funcionalidades acessórias.

SÚMULA VINCULANTE 58 (aprovada em 27.04.2020)

Inexiste direito a crédito presumido de IPI relativamente à entrada de insumos isentos, sujeitos à alíquota zero ou não tributáveis, o que não contraria o princípio da não cumulatividade.

ANEXO III

SÚMULAS DO STF SOBRE RECLAMAÇÃO

SÚMULA 368
Não há embargos infringentes no processo de reclamação.

SÚMULA 734
Não cabe reclamação quando já houver transitado em julgado o ato judicial que se alega tenha desrespeitado decisão do Supremo Tribunal Federal.

ANEXO IV

ENUNCIADOS DAS JORNADAS DE DIREITO PROCESSUAL CIVIL

Enunciado 64 (I Jornada)

Ao despachar a reclamação, deferida a suspensão do ato impugnado, o relator pode conceder tutela provisória satisfativa correspondente à decisão originária cuja autoridade foi violada.

Enunciado 138 (II Jornada)

É cabível reclamação contra acórdão que aplicou indevidamente tese jurídica firmada em acórdão proferido em julgamento de recursos extraordinário ou especial repetitivos, após o esgotamento das instâncias ordinárias, por analogia ao quanto previsto no art. 988, §4º, do CPC.

ANEXO V

ENUNCIADOS DO FÓRUM PERMANENTE DE PROCESSUALISTAS CIVIS

Enunciado 207 (arts. 988, I, 1,010, §3º, 1.027, II, "b")
Cabe reclamação, por usurpação da competência do tribunal de justiça ou tribunal regional federal, contra a decisão de juiz de 1º grau que inadmitir recurso de apelação.

Enunciado 208 (arts. 988, I, 1.010, §3º, 1.027, II, "b")
Cabe reclamação, por usurpação da competência do Superior Tribunal de Justiça, contra a decisão de juiz de 1º grau que inadmitir recurso ordinário, no caso do art. 1.027, II, 'b'.

Enunciado 209 (arts. 988, I, 1.027, II, 1.028, §2º)
Cabe reclamação, por usurpação da competência do Superior Tribunal de Justiça, contra a decisão de presidente ou vice-presidente do tribunal de 2º grau que inadmitir recurso ordinário interposto com fundamento no art. 1.027, II, "a".

Enunciado 210 (arts. 988, I, 1.027, I, 1.028, §2º)
Cabe reclamação, por usurpação da competência do Supremo Tribunal Federal, contra a decisão de presidente ou vice-presidente de tribunal superior que inadmitir recurso ordinário interposto com fundamento no art. 1.027, I.

Enunciado 211 (arts. 988, I, e 1.030) – <u>cancelado</u> **pelo advento da Lei nº 13.256/2016**
Cabe reclamação, por usurpação da competência do Superior Tribunal de Justiça, contra a decisão de presidente ou vice-presidente do tribunal de 2º grau que inadmitir recurso especial não repetitivo.

Enunciado 212 (arts. 988, I, e 1.030) - <u>cancelado</u> **pelo advento da Lei nº 13.256/2016**

Cabe reclamação, por usurpação da competência do Supremo Tribunal Federal, contra a decisão de presidente ou vice-presidente do tribunal de 2º grau que inadmitir recurso extraordinário não repetitivo.

Enunciado 349 (arts. 982, §5º e 988)

Cabe reclamação para o tribunal que julgou o incidente de resolução de demandas repetitivas caso afrontada a autoridade dessa decisão.

Enunciado 350 (arts. 988 e 15)

Cabe reclamação, na Justiça do Trabalho, da parte interessada ou do Ministério Público, nas hipóteses previstas no art. 988, visando a preservar a competência do tribunal e garantir a autoridade das suas decisões e do precedente firmado em julgamento de casos repetitivos.

Enunciado 483 (art. 1.065; art. 50 da Lei 9.099/1995; Res. 12/2009 do STJ).

Os embargos de declaração no sistema dos juizados especiais interrompem o prazo para a interposição de recursos e propositura de reclamação constitucional para o Superior Tribunal de Justiça.

Enunciado 558 (art. 988, IV, §1º; art. 927, III; art. 947, §3º)

Caberá reclamação contra decisão que contrarie acórdão proferido no julgamento dos incidentes de resolução de demandas repetitivas ou de assunção de competência para o tribunal cujo precedente foi desrespeitado, ainda que este não possua competência para julgar o recurso contra a decisão impugnada.

Esta obra foi composta em fonte Palatino Linotype, corpo 10
e impressa em papel Pólen Bold 70g (miolo) e Supremo 250g (capa)
pela Gráfica Paulinelli, em Belo Horizonte/MG.